今こそ読みたい
ケインズ

インターナショナル新書 114

はしがき

数年前、私は、集英社インターナショナル新書から『今こそ読みたいガルブレイス』を出していただいた。ガルブレイスについては、以前にも書いたことがあったので、少し躊躇いがあったが、21世紀の視点からという要請を受けて改めて論じてみたつもりであった。

そして、今度は、ケインズを書いてほしいという依頼を受けた。ケインズについても何度か書いてきたので、ガルブレイス以上の戸惑いがあったが、これも通説にこだわることなく、現代的視点から自由に書いてほしいという依頼趣旨のようだった。ケインズの評伝スタイルで書いたものなら、拙著『ケインズを読み直す 入門 現代経済思想』（白水社、2017年）があるので、それを参考にしたほうがよいだろう。しかし、その本のなかではあまり触れなかった、「産業政策」としてケインズ政策を捉え直す解釈や、長期的雇用理論として『一般理論』を読み直す解釈などに焦点を当てて書くことは可能かもしれないと思って筆をとったつもりである。

２０２０年春から新型コロナウィルス感染症のパンデミックにより、大学教育は大きな試練に立たされた。長いあいだ、オンライン授業が続いたが、それを聴いていた学生の少なからぬ割合が、ストレス過多によりメンタル面での不調を訴えるようになったと聞く。オンライン授業を担当する教員にしても、パソコン画面を見てマイクで語る講義が長期化すると肉体的にも精神的にも疲労したものだった。

今年度に入って、ワクチンや治療法などが次第に普及し、大学の授業もいまのところ通常の形態に戻っているのは喜ばしい限りだ。もっとも、ウィルスの変異の可能性などによって将来どうなるかは不確実だが、考えてみると、私がとくに力を入れてきたケインズ（１８８３〜１９４６年）やシュンペーター（１８８３〜１９５０年）などの経済学者は第一次世界大戦中のスペイン風邪の大流行を生き延びて活躍していたのだった（マックス・ウェーバーは、惜しくも、スペイン風邪をこじらせた肺炎で亡くなっている）。ケインズやシュンペーターがスペイン風邪に言及した文章があまりないだけに、改めてこの事実に気づいたのは、私にとっては新しい「発見」だった。

時代が大きく変わろうとしているとき、ケインズの読み方も修正されていく可能性はあろう。以前から、「不況になれば財政出動を主張するのがケインジアンの証」のような雰囲気に不安を抱いてきたが、本書を読んだ読者がそのような紋切型のケインズ理解から解放されることを願っている。全体的に、通説にこだわらずに、ケインズを自由に論じているので、経済思想に関心をもつ読者が、部分的にでも読んで楽しんでいただければ幸いである。経済学史や経済思想史という学問は、経済学部の教科から消えつつあるので、どのような形にせよ、その学問の面白さを伝えるのは私たちの責務だと思っている。

2022年6月18日（京都大学創立記念日に）

根井雅弘

目次

ケインズらしさ
経済悪の治療法
ケインズが求めた20世紀の資本主義
ケインズとハイエクの個人主義
自由放任主義が通用しない20世紀

第2章 産業政策はケインズ政策の重要な柱

ケインズ革命
産業への関心
日本の紡績業との比較
銀行に適切な行動を求める
廃れた経済騎士道
シュンペーターが見抜いたイノベーションの本質
「投資の社会化」とは何か
イギリス病対策にも指針を与える
政治家にも受け継がれる思想

第3章 『一般理論』をどう読むか

第4章 「ケインズ以後」からみたケインズ

「ケインズ以後」の経済学者
ケインズのマクロ静学とハロッドのマクロ動学
貯蓄は美徳？　悪徳？
ヒックスのＩＳ／ＬＭ分析
流動性選好説vs.貸付資金説
ケインズ革命はどうなったのか
新古典派vs.ケインズ
合成の誤謬への留意
辺境の地ポーランドから現れたカレツキ
「左派ケインジアン」としてのＪ・ロビンソン
カレツキ革命？
カルドアの出番

図版制作　アトリエ・プラン

はじめに～何度も生死を繰り返すケインズ

いま、私の手元には、ケインズ経済学に関する2冊の本がある。

（1）D・ディラード『J・M・ケインズの経済学 貨幣経済の理論』岡本好弘訳（東洋経済新報社、1973年）原著は1948年の刊行、日本語版は旧訳に少し修正を加えた新版

（2）W・カール・ビブン『誰がケインズを殺したか 物語で読む現代経済学』斎藤精一郎訳（日経ビジネス人文庫、2002年）原著は1989年の刊行、日本語版は単行本が1990年に刊行されているが、これはその文庫版

（1）は、わが国におけるケインズ経済学の普及に重要な役割を演じた定評ある解説書で、

私も学生時代に読んだことがある。著者のディラードは、制度経済学にも造詣の深かったケインジアンだが、この本は、ケインズの『一般理論』に即して丁寧な解説をしていることで多くの読者を得た。いま読んでも、ケインズ入門として十分に通用するだろう。

原著が出版された1948年は、ポール・A・サムエルソン（1915〜2009年）の有名な教科書『経済学 入門的分析』の第一版が出版された年でもあるが、マクロ経済学の分野ではケインジアンしかほぼいなかったと言ってよいので、当然ながら、ケインズに好意的な立場で書かれている。ディラードも、次のように、そのようなスタンスを決して隠そうとしていない。

「ケインズの考えが広く受けいれられているにもかかわらず、彼は過去においても現在においても論争の中心人物となっている。本書が論争上の問題にふれるかぎりにおいては、おそらくケインズに『同情的』であると呼ばれる態度をとっている。私の判断によれば、いかなる経済学者の研究に対してでも、そのりっぱな解説というものは同情的な態度をとってこそ、わかりよいまた明快なものとなりうるのである。しかしながら、ケインズが批判した人々の思想の説明者としての彼の欠陥や、詳細な事項に対しおちついて論ずることをしない彼の性急さといったことを私は知らないのではない。ケインズは自分自身の方法で自分の思想に到達したという意味で独創的思想家であった。彼が与えた思想はたとえだれかほかの人がもっと古い昔に同じ思想あるいは類似の思想を説明していたとしても、彼自身のものであった。このためにまた別な理由にもとづいて、ケインズの思想が有効需要の原理に関する異端的先駆者に関係をもっているとか、あるいはもっと現代的な、アングロサクソンおよびスウェーデンの貨幣理論家に関係をもっているとかのように、彼の思想の経歴をたどってみることはしていない。他の人々から受けた影響よりはるかに重要なのは、ケインズが彼の新しい理論に到達するうえに歴史的事情が与えた影響である。このことを説明するのが最後の章の主目的のひとつである。ケインズが『古典派』経済学と呼んだもの、とくにピグー教授の研究に関する彼の批判に関しては、ケインズが自己の立場を明快にしかつ人々を説得する力をもたせるために好んで自分の主張を、ことさらに、強力に述べる傾向にあったものとみるべきであろう。」（岡本訳、XX-XXIページ）

（2）は、（1）から40年以上も後に書かれた本なので、その間に生じた経済思想の潮流の変化（戦後まもなく主流派になったサムエルソンの新古典派総合、インフレの昂進とともに台頭したミルトン・フリードマンのマネタリズム、レーガン政権の誕生とともに脚光を浴びたサプライサイド経済学、ロバート・ルーカスの合理的期待形成仮説など）を幅広く紹介しているが、著者が「反ケインズ」の立場かといえばそうではない。結論として提示されているのは、ケインズの考えの多くは修正され一部は否定されもしたが、現代でもいまだに生きているというものだ。ビブンは、その本のむすびにおいて、次のように述べている。

「興味深いことに、偉大な経済学者というものはすべてこうしたものなのかもしれない。ケインズの膨大な著作を注意深く研究してきた学者の多くは、種々の問題についてケインズは実に柔軟な姿勢をとったと指摘している。つまりケインズは、間違ったと気づいたときや、政治的制約によってその政策の実行が不可能だとわかったときは、進んで意見を修正したという。もし今日、ケインズが生きていたら、彼の考えの多くを確実に修正したことだろう。もちろん、与えられた個別の問題に彼がいかなる意見を述べるかはまったく定かでない。しかし、彼の旺盛な好奇心と無限のエネルギーをもってすれば、ケインズは確実に論争の中心にあり、その魅力によってある者を味方につけるだろうし、これまた彼の人格の一部であった傲慢さで他の者を当惑させたことだろう。
一人の子供が遊覧船の上からケインズの帽子を水面に入れたとき、ケインズは怒らず、我慢した。私はまた、そうできたケインズのことを考えるのが好きである。」（斎藤訳、314ページ）

ますます高まるケインズへの関心

ビブンの本が書かれてからさらに30年以上の時間が経過した現在、ケインズに対する関心は衰えるどころか、ますます高まっているといっても過言ではない。その証拠に、いつの時代でも洋書の新刊案内にはタイトルに「ケインズ」を含む本がいくらでもあったし、2021年には、ケインズの『一般理論』の新しい翻訳と超訳が刊行されているのである。[*1]ケインズ研究者であっても、とてもすべてを読むのは困難なほど膨大な文献数である。

私が経済学を学び始めた頃は、まだサムエルソンの教科書は使われてはいたものの、反ケインズを標榜する経済学の台頭も著しく、ケインズは押され気味であった。いまから回顧すると、フリードマンのマネタリズムは古くからある貨幣数量説の現代版で、真に「新しい」経済学ではなかった。サプライサイド経済学も、すべてではないが、レーガン政権の大減税を正当化するためのプロパガンダに近く、ケインズ政策を「赤字漬けの民主主義」をもたらした元凶だというジェームズ・M・ブキャナンなどの批判も、ケインズ自身の思想のごく一部をデフォルメした「言いがかり」のようなものだった。唯一、シカゴ大学のロバート・ルーカス（1937年〜）による「マクロ経済学のミクロ的基礎」に関する論文は、その方法論の当否は措くとしても、学部生のとき一般均衡理論を学ぶゼミに所属していた私には興味深く思えた。実際、ミクロの経済主体の最適化行動からマクロ理論を構成しようとしたルーカスの方法論は、ケインジアンの「古い」マクロ経済学を主流派の座から追い落としてしまったし、その後のマクロ経済学の展開に大きな影響を与えた（「ニュー・ケインジアン」でさえ、ルーカスの方法論を踏襲している）。

しかし、学界に身を置く研究者でも、よほどケインズ自身の著作を読み込んだ者でない限り、古いケインジアンの理論や政策がどの程度ケインズ自身のそれを受け継いだものなのか、よく理解できていない場合が少なくない。一般の読者ならなおさらのことである。もっとも、ケインジアンとケインズを区別するという視点は、もう50年以上も前、アクセル・レイヨンフーヴッドの『ケインジアンの経済学とケインズの経済学』（1968年）

の出版以来、専門家には周知のものかもしれないが、レイヨンフーヴッドのケインズ解釈も、ワルラスの一般均衡理論から「競売人」を除けば「古典派」の世界から「ケインズ」の世界に移行するという、アルフレッド・マーシャル以来のケンブリッジ学派を研究してきた専門家には到底承服し難いものなので、ここでは深入りしない。

偏ったケインズ像への不満

私が京都大学大学院（経済学研究科）において指導教授をお願いした二人の師（菱山泉と伊東光晴）は、学風はずいぶんと違うものの、どちらもケインズ経済学に関しては立派な研究業績を残している経済学者であった。菱山先生は、早い時期から、ケインズの『確率論』（1921年）と『一般理論』（1936年）の関連に関心をもって、1960年代にケインズの「不確実性の論理」についての一連の論文を書いている。[*2] 伊東先生は、言わずと知れたベストセラー『ケインズ〝新しい経済学〟の誕生』（岩波新書、1962年）の著者であり、ケインズ経済学と寡占理論などを武器に論壇で華々しく活躍してきた。二人の師から学んだことは、本書の随所に活かされていると思うが、ここであらかじめことわっておきたいのは、本書がどのような視点からケインズの面白さを伝えようとしているかという点である。

私は、日本でこれまでケインズの思想史研究が盛んであったにもかかわらず、巷に流通している新聞や雑誌のレベルでいまだに偏ったケインズ像に基づいて彼の名前が使われていることに不満を抱いている一人である。つまり、相変わらず、不況になるたびに財政赤字を伴う公共投資という意味での「ケインズ政策」の提唱者としてのみ語られているのである。確かに、それはケインズ政策の一面ではある。しかし、それのみを切り取ってケインズを理解してしまうと、彼が生涯を通じて取り組んだ活動のほとんどを見落としてしまいかねない。そこで、回り道のようではあるが、第1章では、多くの誤解を招いたパンフレット『自由放任の終焉』（1926年）の内容を正確に読み解くことから始めたい。次に、第2章では『一般理論』に入る前に、ケインズがイギリス産業の将来に深い関心を寄せていたことを産業政策の観点から概観したい。その基礎の上に、第3章で『一般理論』原典の読み方についての試論を提示したあとで、第4章で「ケインズ以後」の経済理論の展開から逆に『一般理論』の特徴を再考していきたい。そして終章において、現代におけるケインズの可能性と限界について考えてみたい。

もちろん、本書のような新書版では、専門家にしか通じない話の大部分は割愛せざるを得ないが、それでもケインズ理解にとって必須と思われる内容は私なりに咀嚼しながら採り入れていくつもりである。

＊1　山形浩生編・訳・解説『超訳　ケインズ「一般理論」』（東洋経済新報社、２０２１年）大野一訳『雇用、金利、通貨の一般理論』（日経ＢＰクラシックス、２０２１年）

＊2　いちいち論文名はあげないが、関心があれば、拙著『経済学者の勉強術 いかに読み、いかに書くか』（人文書院、２０１９年）をお読みいただきたい。

ジョン・メイナード・ケインズ(John Maynard Keynes、1883〜1946年)。イギリスの経済学者。1936年に出版した『雇用・利子および貨幣の一般理論』は21世紀の今も誤解や難解さと共に読み継がれている。
写真／©Topfoto / amanaimages

第1章　誤解の元になった『自由放任の終焉』

「個人主義」の二つの源泉

ケインズは、現代でも、アダム・スミス（1723〜90年）やカール・マルクス（1818〜83年）と並んで最も有名な経済学者の一人である。それゆえ、彼の書いたものは、主張の当否を措いても、世界中の人々に大きな影響力を及ぼしてきたし、いまだに及ぼし続けている。しかし、それだけになおさら、彼がどのような状況下でそのようなものを書き、発言したのかを正確に押さえなければ、大きな誤解の元になりかねない。たとえ彼の愛弟子がこうだと言っていたとしても、慎重に吟味する必要がある。この章のテーマは、まさにそのような例の一つである。

ケインズの『自由放任の終焉』がパンフレットの形で出版されたのは1926年、『一般理論』の出版よりも10年前のことだった。のちにその一部が『説得論集』（1931年）に収録されたが、現在は、より完全な形で『ケインズ全集』に収録されている（日本語版は、『説得論集』ケインズ全集9、宮崎義一訳、東洋経済新報社、1981年）。ケインズは、このパンフレットのなかで、「個人主義」や「自由放任」という呼び名で語られてきた思想を整理しようとしているのだが、本来、このような仕事は、彼のライバルで思想史に造詣が深かったJ・A・シュンペーターと違って、彼の得意分野ではなかったと思う。しかし、このパンフレットは、小さな不備があったとしても、ケインズの思想を理解するには必読の文献である。

　ケインズは、この思想の源泉として、二つの流れを挙げている。一つは、ジョン・ロック、デイヴィッド・ヒューム、エドマンド・バークなどに代表される「保守的個人主義」である。彼らは、専制君主と教会の影響力を排除し、個人の自由を前面に打ち出した人々である。もう一つは、自然状態から「平等」を推論したジャン＝ジャック・ルソーと、功利計算から「最大多数の最大幸福」を導き出したジェレミ・ベンサムの結合から生まれた「社会主義・民主的平等主義」である。この二つは、本来、相容れないものだが、19世紀の初めまでに、「経済学者」によって絶妙な統合が成し遂げられた。きわめて重要な部分なので、ケインズの文章を丁寧に読んでほしい。

「それにもかかわらず、もしも経済学者たちがちょうど適切な時期に頭角を現わしてくるということがなかったならば、その時代は、この相反する二つの思潮の調和を達成するのに困難をきわめたにちがいない。私的利益と公共善とのあいだの神の摂理による調和という思想は、すでにペイリに現われていた。しかし、この考えに適切な科学的根拠を与えたのは、まさに経済学者たちであった。自然法の作用によって、個人が自由な状態において光明に照らされながら彼ら自身の利益を追求するとき、つねに、全体の利益をも同時に増進させることになると想像してみたまえ！　それでわれわれの哲学上の難問は解決されてしまう――少なくとも実務家にとってはその難問は解決され、したがって、自由のために必要な諸条件を確保すべく、自分の努力を傾注することができるようになる。政府にそれを干渉する権限はないとする哲学的教義と、政府が干渉する必要はないとする神の声とに加えて、政府の干渉は得策でないとする科学的論証が付け加えられたのである。この科学的論証は、第三の思想の流れであって、まさしくアダム・スミスのなかに見出されるものである。アダム・スミスはもっぱら、自らすすんで公共善を『自分自身の状態を改善しようとする各個人の自然な努力』に委ねようとしていたが、その思想は、19世紀の初めまでは、十分にかつ意識的には展開されなかった。自由放任の原則は、個人主義と社会主義を調和させ、ヒュームの利己主義と最大多数の最大幸福とをひとつに融合させるに到った。政治哲学者は実業家のために席を譲って引退してもよくなった――というのは、実業家は、とにかく自分自身の私的な利潤を追求するだけで、哲学者のいう最高善（*summum bonum*）を達成することができるようになったからである。」（「自由放任の終焉」、宮崎訳、前掲、327ページ、傍点は原本ママ）

この文章に出てくる「経済学者」とは誰のことかが問題になりそうだが、後段にちょっと顔を出すアダム・スミスのことだと早合点してはならない。たしかに、スミスのなかに、「自分自身の状態を改善しようとする各個人の自然な努力」が公共善につながるという思想はあるが、それは政府は余計な介入を一切してはならないという意味での「自由放任主義」を意味してはいない。もちろん、高校の教科書やアメリカの経済学教科書に解説されているような「スミス＝自由放任主義者」と暗記している人たちにそう誤解されていても不思議はないが、『自由放任の終焉』をよく読むと、いかに思想史が専門ではなかったケインズでも、そういう不注意な記述はしていないのである。彼は次のように言っている。

「……自由放任という言葉は、アダム・スミスやリカードやマルサスの著作のなかには見当たらない。その〔自由放任の〕思想でさえ、これらの著述家たちは誰ひとりとして、教条的な形では示していない。もちろん、アダム・スミスは自由貿易主義者であり、18世紀の数多くの貿易制限にたいする反対者であった。しかし、航海条例と高利禁止法にたいする彼の態度を見れば、彼が教条的な自由放任主義者ではなかったことがわかる。かの有名な『見えざる手』にかんする一節でさえ、自由放任の経済学の教義よりも、むしろ、ペイリの名前から連想させられるあの哲学の方を反映している。シジウィックやクリフ・レズリーが指摘しているように、『明白かつ単純な自然的自由の体系』にかんするアダム・スミスの擁護論は、政治経済学固有の命題からというよりも、むしろ、彼の『道徳感情論』(*The Theory of Moral Sentiments*, 1759) の中で述べられているような、世界の秩序にかんする有神論的かつ楽観論的見解から導き出されたものである。自由放任の言葉がイギリスで初めて人口に膾炙するようになったのは、フランクリン (Benjamin Franklin, 1706~90) 博士の〔著作の〕有名な一節によるものであると私は考えている。実際、経済学者ではなかったベンサムの後期の諸著作に接するようになるまでは、われわれの祖父たちの代によく知られていたような、功利主義哲学のためにとり入れられた形における自由放任の原則を、われわれが知ることはなかったのである。たとえば、ベンサムは『政治経済学綱要』(*A Manual of Political Economy*) のなかでこう書いている。『一般的な原則は、政府は何事もなしてはならないし、企ててもならないということである。このような場合の政府の守るべきモットーあるいは標語は、お静かにである。……農業、製造業、商業が政府に提示しているこの要求は、ディオゲネスがアレクサンダーにたいして、私の日光をさえぎらないで下さいと言ったのと同じくらいに、穏当で理にかなったものである。』」（「自由放任の終焉」、宮崎訳、前掲、333ページ）

アダム・スミスは自由放任主義者にあらず

アダム・スミスが出てきたので、少し補足しておきたい。スミスが「自由放任主義者」だったという趣旨の記述は高校の世界史や政治経済の教科書のなかにいまだにあり、アメリカでよく使われている経済学教科書のなかにも類似の記述があるので、初学者はいつの間にかそれが「真理」であるかのように信じ込んでしまう。私は何十年も京都大学経済学部で経済学史や現代経済思想を講じてきたが、大多数の学生はそう誤解していた。しかし、『国富論』（初版は1776年）を丁寧に読めば、スミスが頑固な「自由放任主義者」ではなかったことは明白である。まず、スミスが「主権者」（「国家」といっても「政府」といってもよい）の最低限の義務を三つ挙げていることを確認しよう。

「自然的自由の制度によれば、主権者が配慮すべき義務はわずかに三つである。これら三つの義務は、きわめて重要ではあるけれども平明なものであって、普通の理解力があるほどの人なら、だれにでも十分にわかるはずのものである。その第一は、自分の国を他の独立社会の暴力と侵略にたいして防衛する義務である。第二は、社会の成員ひとりひとりを、他の成員の不正や抑圧から、できるかぎり保護する義務、つまり、厳正な司法行政を確立する義務である。そして第三は、ある種の公共土木事業を起し、公共施設をつくり、そしてこれらを維持する義務であって、それらを実施することは、いかなる個人にも、あるいは少人数の個人が集まってみても、とうてい採算のとれるものではない。なぜなら、これらはしばしば一大社会にとってこそ、その出費を償ったうえ、おおいに余りあるものだが、いかなる個人にとっても、あるいは少人数の個人の集団にとっても、そこからあがる利益では、かれらの出費をとうてい償うことはできないからである。」(『国富論Ⅱ』大河内一男監訳、1976年、現在は中公文庫、511〜512ページ)

スミスによる政府の三つの役割

「国防」「司法行政」、そして「公共事業」の三つは、スミスが政府の役割の最低限として挙げたものである。だが、巷の多くの解説書は、スミスはただこの三つしか政府の義務に数えなかった「自由放任主義者」だったと記述している。はたしてこれは正しいのか？

スミスは、確かに、重商主義の規制に反対して、自由競争や自由貿易を主張したという意味では「経済的自由主義者」であったと言ってよい。だが、特定の個人や企業の行動を社会の公共的利益を損なってでも擁護するほど、「自然的自由の制度」に固執していたわけではない。例えば、なるほどスミスは原則的に自由貿易を支持したが、貿易にかかわる規制を直ちにすべて撤廃せよと主張していたわけではない。というのは、自由貿易になると利益を得る人たちがいる一方で、必ず不利益を被る人たちも出るので、後者に配慮しながら漸進的に自由貿易に移行しなければ混乱が生じるからである。スミスは次のように言っている。

「大製造業の企業家は、国内市場がとつぜん外国人の競争にさらされて、そのために自分の事業を放棄せざるをえなくなれば、確かに大損害をこうむることになろう。かれの資本のうち、これまで原料の購入と労働者への支払にいつも用いられていた部分は、たぶん、たいした困難もなく別の用途を見いだすだろう。しかし、作業場や専門の用具に固定されている部分の資本は、処分すれば大きな損失をともなうにちがいない。したがって、かれの利害に公平な考慮を払うならば、この種の変更はけっして急激に行なうべきではなく、徐々に、漸進的に、しかも、よほど前から予告をした後に導入されるべきなのである。」

（『国富論Ⅱ』大河内監訳、前掲、148ページ。傍点は引用者）

　また、自由競争支持とはいっても、どんな分野でも「自由化」すればよいのかといえば決してそうではなく、スミスは、例えば銀行業の規制（少額の銀行券の発行の禁止。その理由は、資力の乏しい銀行が破綻する危険性が大きくなるということ）も時と場合によっては必要であると述べている。

「次のようにいう人がいるかもしれない。すなわち、私人たちは銀行業者の約束手形を、金額の如何を問わずよろこんで受領しようとするのに、これを抑制するとか、あるいはまた銀行業者の仲間すべてが、これらの手形を引き受ける意思があるのに、銀行業者にたいしてこのような手形を発行するのを抑制するとかというのは、自然的自由の明白な冒瀆であって、この自由を侵害しないでこれを支持することこそ、法律の本来の職分である、と。

疑いもなくこのような規制は、ある点では自然的自由の侵害とみなすこともできよう。しかし、少数の人の自然的自由の行使は、もし、それが全社会の安全をおびやかすおそれがあるなら、最も自由な政府であっても、最も専制的な政府の場合と同じように、政府の法律によって抑制されるし、また抑制されるべきものなのである。火災が広がるのを防ぐために隔壁を作るのを義務づけることも一つの自然的自由の侵害であって、それはここで提案されている銀行業の規制とまさしく同じ種類の侵害なのである。」（『国富論Ⅰ』大河内監訳、１９７６年、現在は中公文庫、505ページ。傍点は引用者）

「自由放任主義」の「元祖」のように呼ばれているスミスでさえ、こう考えていたのなら、時代が下がって、19世紀中葉のジョン・スチュアート・ミルの頃には、政府が関与すべき範囲がもっと広がっていったとしてもなんの不思議もない。実際、ミルの『経済学原理』（初版は１８４８年）を読むと、「自由放任主義」を適用すべきではない例外がいくつも挙げられているのがわかる。[*1] 例えば、教育、児童や青少年の保護、自然独占や公共事業、等々。イギリスでエリート教育を受けたケインズは、当然、そのようなことは熟知していたはずだ。それゆえ、『自由放任の終焉』のなかには、次のような文章が登場している。

「ジョン・スチュアート・ミルの時代から、権威ある経済学者たちは、このような思想［著者注：自由放任主義のこと］全体に対して強く反発してきた。そのような事情をキャナン教授は、次のように表現している。『イギリスの声望ある経済学者は、ほとんど誰ひとりとして、社会主義一般にたいする正面きった攻撃には参加しようとしないだろう』と。もっとも、教授は次のように付言してもいる。『有名と無名とを問わず、ほとんどすべての経済学者は、たいていの社会主義的提案のあら探しを進んでしようとするのが常である』と。経済学者たちは、社会的調和の教義を生んだ母体たる神学あるいは政治哲学とは、もはやいかなる結びつきも持たず、また彼らの科学的分析からもそのような結論を導くことはない。」（『自由放任の終焉』、宮崎訳、前掲、336ページ、傍点は原本ママ）

ケンブリッジ学派と自由放任主義の一線

ミルを継いで19世紀終盤から大きな権威をふるうことになるのは、ケインズの師であったアルフレッド・マーシャル（１８４２～１９２４年）だが、彼は主著『経済学原理』（初版は１８９０年）のなかで「外部不経済」（特定の企業や産業の活動が外部の環境に悪影響を及ぼすこと）の概念を導入し、私的利益と社会的利益が不調和になる可能性を考察した。この視点をさらに拡張し、のちに主著『厚生経済学』（初版は1920年）に体系化したのが、ケンブリッジ大学でマーシャルの教授職を継いだアーサー・C・ピグー（1877〜1959年）だが、ケインズはもちろん先輩に当たるピグーの仕事をよく知っていた。つまり、マーシャル、ピグー、ケインズといういわゆる「ケンブリッジ学派」の人々は、当初から「自由放任主義」とは一線を画していたのである。

だからこそ、ケインズは、『自由放任の終焉』のなかで次のように書いたのである。「一例をあげれば、アルフレッド・マーシャルのもっとも重要な著作の一部は、私的利益と社会的利益とが必ずしも調和していないような幾つかの事例の解明に向けられていた」と（『自由放任の終焉』、宮崎訳、前掲、337ページ）。ただし、ケインズは、巷に質のよくない解説書が出回っていたのを知っていたのか、次のような但し書きを追加している。「それにもかかわらず、もっとも優れた経済学者たちの慎重で教条的でない態度は、個人主義的自由放任こそ彼ら経済学者たちの教えるべきことであり、また、現に彼らの教えていることであるという一般的な見解に抗して、支配的になるまでには到っていない」と（『自由放任の終焉』、同前、337ページ、傍点は原本ママ）。

しかし、ケインズは、なぜ「最良ではない」経済学者たちの言説が「自由放任主義」に傾いているかのように見えたのか、その理由を考察しようとしている。そのなかでも、今日でも決して消えていないのは、「生存競争」による「適者生存」によって最も効率的な企業が生き残り、最も効率的な資源配分が実現されたのだという学説である。ケインズは、それが初学者にはわかりやすいという理由で、現実とは食い違うことは明らかであるにもかかわらず、議論の出発点に採用されてきたことを次のように述べている。

「経済学者も、他の科学者たちと同じように、もっとも事実に近いからというのではなく、もっとも単純であるというだけの理由から、説明の出発点である仮説を選択し、これを初学者に示してきた。一つにはこの理由から、しかしもう一つには、私の認めるところでは、経済学者たちがこの主題の伝統のために偏見を抱いてきたという理由から、経済学者たちはまず初めに、正しい方向に動いた個人は、競争の結果、誤った方向に動いた個人を圧倒することになるといった仕方で、試行錯誤の方法によって、諸個人が相互に行動することをつうじて、生産的資源の理想的配分がもたらされるというような状態を想定してきた。

このことは、自分の資本あるいは労働を誤った方面に投入した人々を憐れんだり、弁護すべきではないということを意味している。それは、効率の劣るものは破壊させられて、そのかわりにもっとも効率的なものが選択されるという苛酷な生存競争によって、利潤をあげるうえでもっとも大きな成功を収めた人々のみを第一位の座にもっていく方法である。それは、生存競争によって生ずる犠牲を勘案することなく、ただ最終結果のもたらす便益だけに注目しているのである。しかも、その便益は永続的なものと仮定される。もしかりに、できるかぎり高いところにある木の枝から葉をむしりとることが生活の目的であるとするならば、この目的を達成するのにもっとも適合した方法は、いちばん首の長いキリンがそれより首の短いキリンを餓死させてしまうがままに任せておくことである。」(「自由放任の終焉」、宮崎訳、前掲、338ページ)

実業家という存在

慎重な経済学者であれば、自由放任主義があまりに単純化された仮説の上に成り立っていることを看破っていたはずなのに、なぜ18世紀末から19世紀初頭にかけて勢力を拡張したのか。ケインズは、その理由の一つとして、マーシャルの言葉を引きながら、「それらは、往時の英雄である実業家たちに十分な機会を与えた。マーシャルはこういうのが常であった。すなわち『西ヨーロッパ世界におけるもっとも優れた才能のうち少なくとも半分は、実業に関与している』と。当時の『より高度の想像力』の大部分が実業界のために用いられた。進歩にたいするわれわれの希望を集めたのは、このような人々の活動であった」と述べている（「自由放任の終焉」、同前、342ページ）。

ケインズが言及しているのは、マーシャルの「経済騎士道の社会的可能性」（１９０７年）と題する論文だが、ほぼ20年経過した１９２６年、ケインズは、マーシャルが理想化した「経済騎士道」（蓄積した富を公共的目的のためにすすんで提供するような態度が社会全体に浸透すること）を体現した実業家や企業家たちは、いまや「色褪せた偶像と化しつつある」と断じている（「自由放任の終焉」、同前、343ページ）。現実が理想から遠く離れてしまったとき、ケインズは何がなんでも理想にしがみつくのではなく、変化した環境に適応しようとする柔軟な頭脳の持ち主だったと思う。もちろん、マーシャルは、先に触れたように、決して自由放任主義者ではなかった。だが、「経済騎士道」を持ち出したことによって、私的利益と社会的利益の不調和という彼の『経済学原理』の重要なメッセージが伝わりにくくなった嫌いはあったかもしれない。それゆえ、ケインズは、この際、キッパリと「自由放任主義」につながるような思考法とは手を切ろうというのである。

「折にふれ、自由放任の論拠とされてきた形而上学的原理ないし一般的原理は、これをことごとく一掃してしまおう。個々人が各自の経済活動において、永年の慣行によって公認された『自然的自由』を所有しているというのは本当ではない。持てる者、あるいは取得せる者に永続的な権利を授与する「契約」など存在しない。世界は、私的利益と社会的利益とがつねに一致するように、天上から統治されてはいない。世界は、実際問題として両者が一致するように、この地上で管理されているわけでもない。啓発された利己心が、つねに公益のために作用するというのは、経済学の諸原理から正しく演繹されたものではない。また、利己心が一般的に啓発されているというのも正しくない。自分自身の目的を促進すべく個々別々に行動している個々人は、あまりに無知であるか、あるいはあまりにも無力であるために、そのような目的すら達成することができないというのが、頻繁に見受けられるところなのである。社会という一つの単位を形成しているときの個々人は、各自が別々に行動するときとくらべて、明敏さに欠けるのが常であるということは、経験的に何ら示されていない。」（「自由放任の終焉」、宮崎訳、前掲、344ページ、傍点は原本ママ）

政府がなすべきこととなすべからざること

だが、意外に慎重なケインズは、「自由放任主義」の否定から政府による経済管理の大幅拡張を志向するのではなく、ベンサムがかつて使ったAgenda（政府がなすべきこと）とNon-Agenda（政府がなすべからざること）の区別に倣って、状況の変化に応じて両者を改めて区別し直す作業に取り掛かっている。

第一は、19世紀までの比較的小規模の多数の企業が活動する時代が過ぎて、一定規模の株式会社が次第に台頭してきたこと。ケインズは、なかでも「所有と経営の分離」（資本の所有者である株主が経営から分離されること）が進みつつある傾向に注目している。その先には、利潤を最大化することが経営者の第一の関心事ではなくなり、企業組織の安定や名声のほうを重視する方向性が見て取れるが、ケインズは、これを、「支配と組織の単位の理想的な規模」が「個人と現代国家の中間のどこかにある」具体例と見なしている（「自由放任の終焉」、同前、345ページ）。やや馴染みのない言葉だが、「半自治的組織体」（semi-autonomous bodies）とも呼んでいる。例えば、「大学」「イングランド銀行」「ロンドン港湾委員会」などが挙げられている。ケインズは、次のように、大組織がみずからを社会化しようとしている現状を肯定的に捉えていた。

「理論上は何らの制約も受けることのない私個人（private persons）の財産である組織のうち、このような傾向を示している極端な実例としては、イングランド銀行があげられよう。イングランド銀行総裁が政策決定に際して、その株主たちにたいして払う考慮よりも軽い考慮しか払わないような階層は、わが国には存在しないと言ってもほとんど誤ってはいないだろう。株主の権利は、慣習的な配当を受けとること以外には、すでにほとんど皆無というところまで低落してしまった。しかしこれと同じことが、ある程度まで他の数多くの大組織（big institution）についても言える。これらの大組織は、時間の経過とともに自らを社会化しつつある。」（『自由放任の終焉』、宮崎訳、前掲、347ページ）

もちろん、当時も株主の力は決して侮れなかったし、現在でも「もの言う株主」が話題になることもあるが、ケインズは、『自由放任の終焉』を発表した１９２６年の時点で、観察された傾向を叙述していることに注意しよう。

ケインズらしさ

第二は、「なすべきこと」の基準に関連している。あらかじめ言っておくと、この基準は、スミスからミルを経てマーシャルへと流れてきた経済学の正統派の思想と根本的には変わらないものである。すなわち、「国家のなすべきことでもっとも重要なのは、私的な諸個人がすでに遂行しつつあるような活動に関係しているのではなく、個人の活動範囲外に属する諸機能や、国家以外には誰ひとりとして実行することのないような諸決定に関係している。政府にとって重要なことは、個人がすでに着手しつつあることに手を着けることではないし、またそのようなことを多少とも上手にこなしたり、少々下手ながらも遂行するということでもなく、現在のところ全然実行されていないことを行なうということなのである」と（「自由放任の終焉」、同前、348ページ、傍点は原本ママ）。

ただし、ケインズらしさがあるとすれば、第一の例として、経済問題の根本原因が「危険」「不確実性」「無知」にあると明言されているところだろう。1926年の段階では、まだ『一般理論』は完成されていないけれども、次の文章は、『一般理論』を背景に読むとより明快に理解できるという意味で重要である。

「現代最大の経済悪の多くは、危険と不確実性と無知の所産である。富のはなはだしい不平等が生じるのは、境遇とか能力に恵まれている特定の個人が不確実性や無知につけ込んで利益を手に入れることができるからであり、また同じ理由から、大企業も、しばしば富くじのようなものだからである。しかも、このような同じ諸要因が、労働者の失業や、あるいは合理的な事業上の期待の破綻、効率性と生産の減退などの原因ともなっている。しかし、その治療法は、個人の手の届かないところにある。その病状を悪化させた方が、かえって個人のためになるかもしれないのである。このような事態にたいする治療法は、一つには、中央機関による通貨および信用の慎重な管理に求められるべきであり、また一つには、知っておけば有益な、企業にかんするあらゆる事実の――必要とあれば法律による――全面的な公開ということを含む、事業状況にかんする膨大な量の情報の収集と普及に求められるべきであると、私は考える。このような対策は、何らかの適切な実行機関をつうじて、私的企業の錯綜した内部の多岐にわたって指導的情報活動が展開されるという動きの中に、社会を巻き込むことになるのだろうが、それでも私的創意と私的企業心がそれによって妨害を受けることはないだろう。それにもかかわらず、たとえこのような対策が不十分だと分かったとしても、われわれが次の一歩を踏み出す上で、現在持ち合わせている知識とくらべれば、ずっと優れた知識がそれらの対策から得られることになるだろう。」（「自由放任の終焉」、宮崎訳、前掲、349ページ。傍点は引用者）

経済悪の治療法

傍点の箇所には、二つの「治療法」が挙げられている。一つは、ケインズが経済学者としての経歴の初期から専門に研究してきた金融論の分野での政策提言、すなわち、「中央機関による通貨および信用の慎重な管理」である。もう一つは、危険や不確実性を減らすための提案、すなわち、「事業状況にかんする膨大な量の情報の収集と普及」だが、これは、のちの章で触れる産業調整や産業政策の作成には不可欠な予備作業である。いずれも、ケインズ自身の経済政策を語るには重要なものである。

第二の例として、「貯蓄と投資に関するもの」が挙げられているが（「自由放任の終焉」、同前、349ページ）、この意味は、ケインズ経済学の解説（例えば、1930年の『貨幣論』における投資と貯蓄の関係から物価水準を考察するアプローチや、『一般理論』における投資と貯蓄による国民所得決定の理論など）を読んでからでなければ、その含意を摑むのは難しいかもしれない。だが、1926年の段階でも、ケインズが、「私の考えでは、社会全体として望ましい貯蓄規模や、その貯蓄のうち対外投資の形で海外に流出してゆく部分の規模、また現在の投資市場組織が国家的見地からもっとも生産的な〔投資〕経路に沿って貯蓄を配分するかどうかという点については、何らかの調整された理性的判断行為が要求される。このような問題が、現在のように、私的判断と私的利潤の自然な成行きに全面的にまかせられるべきだとは、私は思わない」と言っていることを心にとめておきたい（「自由放任の終焉」、同前、349〜350ページ）。

第三の例として、「人口にかんするもの」が挙げられている（「自由放任の終焉」、同前、350ページ）。ただし、人口問題についてのケインズの考えは、初期の『平和の経済的帰結』（1919年）と『一般理論』以降では変化が見られるので注意が必要である。すなわち、初期のケインズは、『人口論』（初版は1798年）のトーマス・ロバート・マルサス（1766〜1834年）のように、人口過剰の弊害に注意を喚起していたが、ところが、1930年代になると、むしろ人口減少が需要の減少につながることを懸念するようになったのである。

そのような考え方の変化はあるが、ケインズが人口問題も個人の手に負える範囲を超えていると考えていたことは間違いない。彼は次のように言っている。「各国とも、いかなる規模の人口、現在よりも大きな人口か、小さな人口か、それとも現在と同じ規模の人口か、そのいずれがもっとも適切なものであるのかということについて、十分に考え抜かれた国家的政策を必要とする時代がすでに到来している。しかも、この政策は決定されしだい、それを実行に移すべき措置を講じるべきである。そうすれば間もなく、社会が全体として、その社会の将来の構成員の人数だけでなく、その構成員の生れつきの素質にも注意を払わねばならないような時代が到来することであろう」と（「自由放任の終焉」、同前、350ページ）。

ここで、ケインズは経済運営上の技術的な問題から少し脱線して、彼自身の言葉でいえば、「心理的というか、あるいはおそらく道徳的とでもいえるような問題」に触れている（「自由放任の終焉」、同前、351ページ）。その問題とは、経済社会において「貨幣動機」の演じる役割の「変化」（あるいは、彼の見るところでは、「減退」）なのだが、これはケインズの経済思想においては決して「脱線」ではすまされないほどの重要性をもっている。

というのは、資本主義において生じる諸問題、なかでも1930年代の大不況時に発生した大量失業問題は、人々の「貨幣愛」に根ざしているのが彼の直観であり、「流動性選好説」（「乗数理論」とともに『一般理論』の「有効需要の原理」を支える柱の一つ）という彼の理論はまさにそこから導き出されたものだからだ。ケインズの経済理論について詳しく語るのはのちの章に譲るが、ケインズが、1926年の時点でも、付随的ながらこの点に触れていることは見逃してはならない。ただし、ケインズ自身の思想と世間一般の人々とのあいだの考え方の微妙な違いに注目しよう。

「ヨーロッパ、あるいは少なくともヨーロッパの一部の諸地域では――もっとも、アメリカでは別だと思うが――、現在のわれわれと同じ程度にまで、個人の貨幣動機の育成・奨励・保護を社会の基礎にすえようとすることにたいして、潜在的な反撥、それもかなり広範な反撥が見られるのである。当面の問題に対処するに際して、できるだけ貨幣動機に訴えるような仕方よりも、むしろできるだけその動機に訴えないような仕方を選ぶべきかどうかは、必ずしも先験的ではなく、さまざまな経験の比較に基づいて決せられるべきものであろう。人々は、各自の職業選択いかんに応じて、貨幣動機が日常生活のなかで果たす役割の大小を知っているし、また歴史家たちは、その〔貨幣〕動機が現在よりずっと小さな役割しか演じていなかったような、他の社会組織の諸相について語ることができよう。たいていの宗教やたいていの哲学者は、控え目に言っても、個人的な貨幣利潤にかんする配慮に大きく影響されるような生活の在り方にたいしては、非難をしている。他方、たいていの人は、今日、禁欲的な考えをしりぞけるとともに、富のもたらす現実の利益にたいしては、疑いをさしはさもうとしない。さらに、たいていの人にとって、人間が貨幣動機なしには済ますわけにはいかないということ、そして乱用と認められる場合を別とすれば、貨幣動機がその役割を立派に果たしているということは、明白のように見える。その結果、普通の人は、このような問題から目をそらし、この混乱した問題の全体について、自分が実際のところどう考え、何を感じているのか、あまりはっきりした考えをもっていないのである。」（「自由放任の終焉」、宮崎訳、前掲、351ページ。傍点は引用者）

ケインズがみるところ、資本主義に感情的に反撥する人々と資本主義を何としてでも死守しようとする人々との対立の背後には、人間の貨幣動機に対するこのような考え方の違いがある。しかし、この件をよく読むと、ケインズが資本主義という制度自体には決して全面的には賛成していないどころか部分的には嫌悪すべきものだと考えていた一方で、資本主義を上手に管理すれば経済運営の技術としては他の経済体制よりも優れていると考えていたことがわかるだろう。

「思想と感情の混乱は言論面での混乱をうみだす。生活様式としての資本主義にたいして本当に反対している多くの人々が、あたかも、資本主義は資本主義自身のさまざまの目的を達成する上で非効率的である、という理由で反対しているかのように論じている。これに反して、資本主義の帰依者たちは、しばしば過度に保守的であり、自分たちが資本主義自体から離脱する第一歩を踏み出すことになるかもしれないという不安から、資本主義を真に強化し、維持することに役立つかもしれないような資本主義の運営技術の改革をも斥ける。それにもかかわらず、資本主義は効率的な運営技術なのか、それとも非効率的な運営技術なのかということについて論じたり、また資本主義は本質的に望ましいものなのか、好ましくないものなのかということについて論じたりしている現代よりも、もっと〔結論が〕はっきりと分かるような時代が近づきつつあるようである。私としては、資本主義は、賢明に管理されるかぎり、おそらく、経済的目的を達成するうえで、今までに見られたどのような代替的システムにもまして効率的なものにすることができるが、本質的には、幾多の点できわめて好ましくないものであると考えている。われわれの問題は、能うるかぎり効率的であって、しかも満足のゆく生活様式にかんするわれわれの考えに牴触することのないような、社会組織を創り出すことである。」(『自由放任の終焉』、宮崎訳、前掲、351〜352ページ。傍点は引用者)

ケインズが求めた20世紀の資本主義

以上、ケインズの『自由放任の終焉』の内容をやや詳しくみてきたが、ケインズが「自由放任主義」の二つの源泉――ロック、ヒューム、バークなどの「保守的個人主義」と、ルソーやベンサムなどの「社会主義・民主的平等主義」――のどちらにも偏らず、かといってその二つを合体させた「自由放任主義」は明確に否定しつつ、20世紀における自由主義の新たな再生を求めていることがわかるだろう。1926年の段階では、その姿はまだ目に見える形で現れていないけれども、その「前向き」の姿勢は、例えばフリードリヒ・A・ハイエク(1899〜1992年)のように、ケインズの分類では19世紀の「保守的個人主義」からの離脱こそが諸悪の根源であると主張し続けた「後ろ向き」の姿勢とは対照的である。だが、ハイエクに公正を期すためにも、彼自身の個人主義論のあらましを紹介しておくことにしよう。

ハイエクの個人主義論は、今日では有名になった論文「真の個人主義と偽の個人主義」(1945年)に簡潔明瞭にまとめられている(『市場・知識・自由 自由主義の経済思想』田中真晴・田中秀夫編訳、ミネルヴァ書房、1986年所収)。前者が「人間の諸事象にみられる大部分の秩序を諸個人の行為の予期せざる結果として説明する」のに対して、後者は「発見できるすべての秩序が計画的な設計によるとする」ところにある(「真の個人主義と偽の個人主義」、前掲、9ページ)。前者は18世紀イギリスの思想家たち(アダム・ファガースン、アダム・スミス、エドマンド・バーク、デイヴィッド・ヒュームなど)まで遡ることのできる思想だが、それに対して、後者はヨーロッパ大陸のデカルト学派(デカルト、ルソー、百科全書派など)の思想である。つまり、ケインズの先の分類でいえば、「真」の個人主義は、「保守的個人主義」に、「偽」の個人主義は「社会主義・民主的平等主義」に対応するものである。

ハイエクによれば、「真」の個人主義は人間理性の限界を正しく認識し、習慣や伝統の役割を尊重しているが、それに対して、「偽」の個人主義は人間理性を過信し、伝統や慣習の役割を軽視しているがゆえに、同じように個人から出発したにもかかわらず、その反対の社会主義や全体主義をもたらしたというのだが、自分はもちろん「真」の個人主義の系譜に連なっていると信じているので、この論文に限らず、それが自由社会の存続にとっていかに大切かを繰り返し主張している。例えば、彼は次のように言っている。

「……スミスとかれの同時代人たちが唱道した個人主義の主たる功績は、その体制のもとでは悪い人間が最小の害悪しかなしえないことにある、と言ってもおそらく言い過ぎではないであろう。その体制は、機能のよしあしが、それを操作する善い人間をわれわれが見つけうるか否かには依存しないし、すべての人間が現にあるよりも善くなることにも依存しないのであって、善くもあれば悪くもあり、分別のあることもありはするが愚かであるときのほうが多い人間を、そういう多様で複雑な姿のままで、役立たせる社会体制である。かれらの目的は、かれらの同時代のフランス人たちが自由を『善良で賢明なひと』だけに与えようと欲したのとは異なって、そのもとではすべての人間に自由を許すことができるはずの社会体制であった。

個人主義の偉大な著者たちの主たる関心は実際、人間がかれ自身の選択によって、そしてかれの日常的行動を決定する諸動機から、他のすべての人びとの必要にできるだけ多く貢献するように誘引されうるような、一揃いの制度を見つけることであった。そして偉大な著者たちは、私有財産制度が従来理解されていた程度をはるかに越えてそのような誘因をまさしく与えることを発見した。しかしながらかれらは、私有財産制度に改善の余地がありえないとは主張しなかったし、いわんや、実際の制度がどのようなものであるかに関わりなしに『利害の自然的調和』が存立する――かれらの議論を曲解するいまひとつの流行の解釈はそのように思いこんでいるのだが――などとはけっして主張しなかった。かれらは個人の利害の衝突にたんに気づいていたぐらいではなく、『うまく組み立てられた制度』の必要を強調した。かれらは『相争う利害と妥協の利益とのルールと原理』が、あるグループの意見と利害がつねに他のすべてのグループのそれを圧倒するような力をどのグループにも与えることなしに、相争う利害を和解させるような制度の必要を強調したのである。」（ハイエク「真の個人主義と偽の個人主義」、前掲、13～14ページ。傍点は引用者）

ハイエクが「制度」といっているのは、長い時間をかけて、人間の行為の意図せざる結果として出来上がってきたものを指している。ハイエクは別のところでこれを「自生的秩序」とも呼んでいるが、さらに例を挙げると、「私有財産制度」のほかに「伝統」と「慣習」も劣らず重要である。彼は次のように言っている。

「そのような伝統と慣習は、強制的であることなしに、可撓的ではあるが常態においては遵守される諸規則を定着させ、それによって他人の行動が高度に予測可能にせられるのである。そのような規則の存在理由を理解するかぎりにではなくて、反対すべき確たる理由がないかぎり、規則に進んで従うことが、社会的交流の規則の漸次的発展と改善のための、ひとつの本質的な条件である。誰も設計したのではなく、誰にも理由がわからないかも知れない社会過程の産物に、普通に従おうとする心構えもまた、強制をなくすべきであるならば欠くことのできないひとつの条件である。ある人びとの集団のなかに共通の慣習や伝統があると、そのような共通の背景がない集団にくらべて、形式的な組織と強制がはるかに少なくて、人びとを円滑にかつ効率的に協力させることができることは、いうまでもなく常識である。しかしこの逆は、それほどに周知のことではないが、多分同様に真実である。すなわち、慣習と伝統が人間の行動を大幅に予測可能にしている社会においてだけ、

強制を最小限にしておくことが多分できるのである。」（ハイエク「真の個人主義と偽の個人主義」、前掲、29ページ）

ケインズとハイエクの個人主義

私の師（伊東光晴・京都大学名誉教授）がまだ若かった頃、日本では、このような思想は「保守反動」の烙印を押されてインテリの間では評判が悪かったらしいが、それに対してハイエクは、「伝統」や「慣習」をいつでも破壊して新たに別のものと取り替えることができるというデカルト学派の考えは、結局、自由の否定につながると主張し続けた。先に持ち出した言葉を使うと、「自生的秩序」は人工的に設計可能なものではないということだ。ハイエクは、この点を次のように敷衍している。

「知的設計の産物とは認められない社会的諸力を我慢したり、あるいは尊敬することを好まない風潮は、包括的な経済計画が現在求められている非常に重要な原因のひとつであるが、実はそれ自体、さらに一般的な運動のひとつの局面にすぎない。われわれは道徳と慣習の領域において、ひとつの人造語を現存の諸言語に置き換えようとする運動において、さらに、知識の成長を支配する過程に対する現代の態度全般において、同じ傾向に出会う。統合的な道徳体系、人造語、あるいは人工的社会さえもが、科学の時代には正当化されうる唯一のものだという信念は、その効用が合理的に示されない道徳的規則に頭を下げたがらない傾向、その原理が知られない慣習に同調したがらない傾向の増強と同様に、それらはすべて、あらゆる社会活動が首尾一貫した単一の計画のそれと分かる部分であることを欲する、同一の基礎的見解のさまざまな表現である。それらは、すべてのものに意識的な個人理性の産物を見たがる、同じ合理主義的『個人主義』の諸結果である。しかしそれらは、真の個人主義の結果では決してなく、自由な、真に個人主義的な体制の作用を困難あるいは不可能にさえさせかねない。まことに、個人主義の哲学がこの点でわれわれに教える偉大な訓戒は、自由な文明に欠くことのできない土台である自然発生的な形成物を、破壊するのは難しくないであろうが、そうした基礎がひとたび破壊されると、自由な文明の意識的再建はわれわれの力を超えるであろう、ということである。」（ハイエク「真の個人主義と偽の個人主義」、前掲、30〜31ページ）

以上、ハイエクの個人主義論のあらましを紹介したが、彼の個人主義論がケインズの分類では「保守的個人主義」（これが言うまでもなくハイエクの「真の個人主義」だが）のほうに偏り、自由放任主義が崩壊した後の20世紀における修正された形の自由主義の構築のために苦闘したケインズとは目的意識が異なることがわかるだろう。

自由放任主義が通用しない20世紀

ケインズは、『自由放任の終焉』を発表する前の年（1925年）、ケンブリッジで開かれた自由党夏季学校において、「私は自由党員か」と題する講演をおこなっているが、興味深いことに、そこでアメリカの制度経済学者、ジョン・R・コモンズの歴史区分に言及している（コモンズを含むアメリカの制度学派については、高哲男『現代アメリカ経済思想の起源　プラグマティズムと制度経済学』名古屋大学出版会、2004年を参照）。

ケインズは、コモンズの諸説を次のように理解した。すなわち、コモンズによれば、歴史は、「欠乏の時代」（15世紀ないし16世紀までの世界の常態）から、「豊富の時代」（17世紀および18世紀頃から、個人の自由が次第に認められ、政府による干渉が最小限に抑えられる傾向が生まれ、ついに19世紀に全盛時代を迎えた、いわゆる自由放任主義の時代）を経て、「安定の時代」（個人の自由は縮小されるが、さまざまな集団による協調的な行動による規制であることに特徴がある現代）へと移行すると（「私は自由党員か」、宮崎義一訳『説得論集』、前掲に所収、365〜366ページ参照）。ケインズは、「安定の時代」における集団による経済的協調というコモンズの主張を好意的に紹介しているので、最近では、高哲男氏（九州大学名誉教授）のように、両者の思想的類似性に着目する研究者も増えてきたようだ。

ケインズの「経済分析」はコモンズの制度主義とは本質的に異なるものだが、二人とも、自由放任主義が通用しなくなった20世紀において、さまざまな利害関係者をどのように調停すべきかという問題に関心をもっていたと言ってもよいかもしれない。ただし、ケインズは、あくまで自由主義の新たな再生につながるような、マクロの分野での政府による経済管理という方向に傾斜していったように思われる。1925年の講演から引用してみよう。あらかじめ留意すべきは、1925年の時点ではまだ『一般理論』は書かれていないので、経済変動も「物価水準」の動きとの関連で捉えられていることである。

「経済的無政府状態から、社会的公正と社会的安定のために経済力を制御し指導することを計画的に目指すような体制への移行は、技術的にも政治的にも、はかり知れない困難を伴うことであろう。それにもかかわらず、新自由主義（New Liberalism）の真の使命は、それらの困難の解決にたち向かうことにあると、私は主張したい。」（「私は自由党員か」、宮崎訳、前掲、366ページ、傍点は原本ママ。ただし、もちろん、ここに出てくる「新自由主義」は、のちのフリードマン＝ハイエク流の新自由主義Neoliberalismとは異なる）

「今後も長期にわたって存続し、また多種多様な形態をとるであろうこの政治闘争の開幕は、通貨政策が中心となることだろうが、これは偶然ではない。というのも、豊富の哲学につきものの満足を味わいながら、19世紀が甘受してきたあの安定と公正とにたいするまったく暴力的なまでの妨害は、実に、物価水準の変動によって引き起こされたものだからである。しかし、このような物価水準の変動の帰結を、とくに当局が、19世紀に常に飲まされてきたもの以上に強力な解毒剤といった形でわれわれに強制してくる場合には、これほど現代の思想、現代の制度にとって耐えがたいものはないだろう。

　われわれは、きわめて徐々にではあるが、経済生活にかんする哲学、すなわち、何が合理的なものであり、何が耐えがたいものであるかにかんするわれわれの考え方を、変化させてきたのである。しかも、われわれは、われわれの運営技術や陳腐な格言を変化させることなしに、このような変化を行なってきたのである。ここにこそ、われわれの涙と苦労の源がある。」（「私は自由党員か」、同前、368ページ。傍点は引用者）

ケインズは、確かに、自由放任主義を否定した一人であった。だが、彼は、『自由放任の終焉』において、その思想が台頭してきた思想的背景を叙述しながら、それが特殊な状況下でのみ黄金時代を築いた歴史的産物であったことを論証し、彼が生きた20世紀においてはもはや色褪せた思想になったことを看破した。そこから、彼の修正された自由主義を目指す「苦闘」が始まったわけだが、その思索の成果が最終的に『一般理論』として公刊されるにはまだ10年の歳月が必要であった。

後世に余計な誤解を招かないためにも、『自由放任の終焉』はもっと丁寧に読まれるべきであったが、いまでも、巷の解説書のなかにケインズが歴史上はじめて自由放任主義を否定したというような誤った記述をよく見かけるのは冒頭に書いた通りである。書名のみが有名になった小冊子の悲劇である。

＊1　J・S・ミルの『経済学原理』は、経済思想史の上で非常に重要な古典だが、すでにある日

本語版（末永茂喜訳、岩波文庫、全5巻、1959〜1963年）はさすがに古くなったので、碩学による新訳が望まれるところである。

第2章　産業政策はケインズ政策の重要な柱

ケインズ革命

ケインズは、現在では、もっぱら経済理論における「ケインズ革命」を成し遂げた経済学者として知られているので、彼がイギリス産業の現状や将来にきわめて大きな関心を示したことさえ忘れられているようである。

確かに、『一般理論』は現代マクロ経済学を誕生させた古典であり、その学説のわかりやすい解説が、J・R・ヒックスのIS／LM図表を通じて全世界に普及したことは事実である。この点は、もはや繰り返すまでもない。だが、ケインズの1920年代からの活動を改めて振り返ると、彼が単にマクロ分野での総需要管理政策を提唱したばかりでなく、産業調整や産業政策の分野でも重要な示唆を残してくれたことに気づく。実は、この問題を掘り下げていくと、ケインズ理論が単なる「有効需要」の経済学ばかりではなく、シュンペーター流の革新投資に牽引された「生産力増強」をも狙った経済学であったという通説とは違う理解に到達するのだが、まずは、この段階では、それを指摘するにとどめよう。

私の師であった伊東光晴（京都大学名誉教授）は、1960年代に『ケインズ〝新しい経済学〟の誕生』（前出）というベストセラーを書き、わが国におけるケインズ啓蒙に大

ヨーゼフ・アロイス・シュンペーター（Joseph Alois Schumpeter、1883～1950年）。オーストリア・ハンガリー帝国（現在のチェコ）出身の経済学者。『経済発展の理論』（1912年）等でイノベーションをその理論の中心概念とした。写真／GRANGER. COM / アフロ

きな役割を演じたが、『一般理論』のわかりやすい解説とは別のところに書かれた内容のなかには通説と違う箇所があり、そこは必ずしも多くの人々に注目されなかったように思われる。それは、ケインズ政策を、通説のように単なる需要喚起策としてではなく、国内生産力増強策として捉える視点である。重要なので、引用してみよう。

「ケインズの理論といえば、のちに述べる『一般理論』で、かれが不況を克服するために需要を増加させる政策をとること——そのためには、ピラミッドを作ったり、貨幣を山にうめて掘り出すという不生産的な消費もまた役に立つことを主張して、マルサスを高く評価したことから、ケインズはマルサスの系譜に属すると考えられている。またケインズ自身、マルサスをかれと同じケンブリッジの最初の経済学者として高く評価している。たしかに、このようにケインズを〝マルサスの徒〟と見る定説は充分な理由をもっている。かれが『一般理論』で展開した理論はそれにふさわしいものであったから。

しかし、イギリス経済の不振に対する処方箋としてケインズの政策を見た場合には、わたくしには、かれのさし示したものは、すくなくとも20年代においてはむしろ逆であったように思える。というのはかれは、投資を国内に転換させることによって、国内市場の拡大と国内生産力の増強を意図したのである。それはちょうど一時代前、ケインズの師マーシャルが、もしも資本家が社会の生産力の増加のために努力するならば、資本蓄積は利潤をますだけでなく、労働者の賃金をも引き上げることが可能なのであって、貿易業者したがって海外市場中心のマンチェスター学派が主張するような、賃金基金説は妥当しないことを主張したように、また古典派経済学者たとえばアダム・スミスが、節倹にもとづく蓄積が、国内市場を目当てとする産業に投下され、国内生産力を増加させることによって経済の発展が可能であるとして、海外市場中心の重商主義と対立したように、またマルサスの不生産的消費に対抗して、リカードが生産力の体系を作ったように、ケインズのそれもまた、国内市場重視、国内生産力の増加をはかる政策だったのである。ケインズの政策が、時論としてイギリスにおいてもった意味は、マルサスの系譜ではなく、スミス、リカードの系譜であるというのはわたくしの独断であろうか。」(伊東光晴『ケインズ』、前掲、45〜46ページ)

ケインズ政策を国内生産力の増強策として捉える解釈は、初歩的な経済学教科書で学ぶ「有効需要の原理」を確立したケインズ、したがって、不況から脱出するには何よりも有効需要を増やすような政策（減税、低金利、公共投資など）が必要だという定説とは一線を画している。もちろん、伊東氏も、『ケインズ』の後の章ではちゃんとケインズの有効需要の原理を丁寧に解説しているので、国内生産力の増強策のみがケインズ政策だと主張しているわけではない。だが、少なくとも1920年代のケインズの関心がマルサスよりはスミスやリカードの系譜に連なっているという示唆は、ケインズの『一般理論』の枠組みを用いて、1920年代の彼の政策提言を再構成してみると、ケインズの真意にもっと迫ったアイデアに近づくのではないかと思えるのである。

産業への関心

ケインズが1920年代にイギリス産業の将来に関心をもっていたことは、もちろん、ケインズの側にいた弟子筋はよく知っていた。例えば、『ケインズ伝』（原著は1951年）を書いたロイ・F・ハロッド（1900〜78年）は、この時期のケインズの活動を簡潔ながら次のように要約している（だが、『ケインズ伝』のこの部分は、ケインズの金融や国際金融の分野での活動と比較すると圧倒的にページ数が少ないので、多くの読者が読み飛ばしてしまった可能性はあると思う）。

「一九二七年を通じて自由党委員会は、後に普通に『自由党黄書』(Liberal Yellow Book)として知られる『イギリスの産業の将来』(Britain's Industrial Future)の仕事を進めていた。ケインズは委員会の積極的な委員であった。この委員会はロイド・ジョージの田舎の家(チャート(Churt))でしばしば週末に開かれていた。この書物は政党の普通発行するものよりははるかに重要な文書であった。それは平易な文体で書かれた政治学の一論著であるといってもほとんどさしつかえないものであった。それはその後たびたび大学の教科書としても使われ、中道を求める人々のために現存最善の行動計画を示すものとして広く研究されてきた。そこに含まれている考えは、左右両翼の政党によって自由に採用されてきた。

ケインズの貢献は中心的な重要性をもつのであった。彼は、通貨管理、国内投資計画の促進、公共投資局——それは対外投資の規模にも関心をもつことになるだろう——、経済参謀本部、企業金融のための公開性の拡大、国家企業と私企業との中間的な産業活動機関としての半公共企業体の奨励などに関する彼の考えに、賛成を得ることができた。この書物のすべての部分は共同作業の産物であって、委員会は本文を一行一行修正するという普通の役割を果たしたけれども、ケインズが第二編（「事業の組織」）および第五編の第十八章と第十九章（「通貨および銀行業と国民勘定の改革」）の構成に主たる責任を負っているといっていい。『黄書』は1928年1月に発行された。」（R・F・ハロッド『ケインズ伝』下巻改訳版、塩野谷九十九訳、東洋経済新報社、1967年、438～439ページ。傍点は引用者）

「彼は1927年7月の自由党夏期大学（ケンブリッジ）で第二編に含まれている提案のいくらかを論題とした。問題は手の込んだものであった。一方において、彼はすでに三年前に『自由放任の終焉』の中に概説した考えを展開しようとした。多くの大規模企業は、彼らが利潤を極大化することにはほとんど顧慮を払わず、主として公共奉仕の能率的な遂行を考えているという意味において、すでに半ば社会化されているという考えがそれであった。彼は、綿業の場合のように、過剰能力が存在する場合の『合理化』にもまた賛成であった。カルテルと産業組合とは産業組織において果たすべき有益な役割をもっている。他方自由党がとりわけ警戒しようとしている独占の害悪がある。これらの一見矛盾する目的をどう調和させるか。彼のこの問題に対する主たる解決は公開性のうちにあった。一定

の規模以上の企業の場合には、国家がそれらの金融の詳細を調和する特別の権利をもつべきである。」（同前、439ページ）

ハロッドは、ケインズのこの時期の活動を正確に把握しているように見えるが、その詳細を記しているわけではない。だが、現在では、ケインズの言論活動は『ケインズ全集』（第19巻）に収録されているので、私たちでも容易にそれらを読むことができるし、数は多くはないものの丁寧な紹介論文もある（例えば、西沢保「ランカシャー綿業の衰退とマーシャル、ケインズ」、『経済研究』第47巻第4号、１９９６年）。西沢氏の論文は、イギリスの産業的主導権に対する関心がマーシャルからケインズへと継承されていることを明らかにした優れた仕事だが、以下では、私たちはケインズの言論活動に的を絞りたい。

ケインズは、まず、綿業の不況に際して「操業短縮」という手段だけで対処するのは少しも問題の解決にはならないことを指摘している。

「炭鉱業と綿業とは、共通の困難に直面しているが、完全に反対の対策をとってきた。炭鉱業は無統制の過剰生産によって価格を引き合わない水準にまで引き下げて、自らを破滅させた。そして炭鉱の閉鎖によって相殺されることのない一日八時間労働制を導入することによって価格をさらに下げ、過剰生産を悪化させる試みを今でも行っている。他方、綿業は、五年にわたる組織された操業短縮によって自らを破滅させた。これによって、間接費を増大させ、生産コストを競争的水準以上に引き上げてしまった。しかし、これら二つの対策は互いに反対のものであるとはいえ、共通の誤りにもとづいている。というのは、両者ともに、産業が何とかやっていきさえすれば、『平常』時が戻ってきて、ふたたび既存の設備と労働を収益のあがる条件で雇用できるだろう、という信念にもとづいているからである。どちらの産業も、ドイツ人が『合理化』とよんでいるものを試みていない。すなわち、需要を最も能率の良いプラントに集中させ、その工場を全力操業させて、残りのものは閉鎖することである。」(『ネイション・アンド・アシニーアム』誌、１９２６年11月13日、『ケインズ全集第19巻 金本位復帰と産業政策——１９２２~29年の諸活動』、ドナルド・モグリッジ編、西村閑也訳、東洋経済新報社、１９９８年所収、714~715ページ。傍点は引用者)

日本の紡績業との比較

ケインズは、いま傍点を付した部分を、日本の綿業と比較しながら詳しく例示しようとしている。

「操業短縮が競争力に及ぼす壊滅的な効果は、次のことによってはっきりと示されている。一九二六年七月に終わる半年間に日本は、史上初めて、英国の消費する綿花の重量よりも大きな重量の綿花を現実に消費した。しかも英国における紡績業は日本のそれの一〇倍以上であった。この数字は高番手の綿糸の紡績のために必要な綿花の重量は、単位当りではより少ないということを考慮して修正されなくてはならない。この点を考慮に入れて、綿花消費量を用いて測ると、日本の紡錘数は、同種の綿花を用いた英国の同様の紡錘と比べて四½倍から五倍の産出量を示していたようにみえる。

　この結論は、操業時間の統計によって忠実に裏付けられている。一九二三年五月までは日本の標準的な操業時間は週当り一三二時間であり、このときに一二〇時間に引き下げられた。すなわち一日に一〇時間ずつの二回の交替である。最近の現実の週当り操業時間は一一八時間を下回っていない。英国では過去半年におけるこれに見合う数字は週二八時間である。だから、日本の紡錘は、ランカシャーの同種の紡錘と比べて四½倍から五倍も集約的に働かされている。

　このことが間接費に及ぼす結果は明白である。これに賃金の格差（日本の男子労働者は平均して一シフト当り二シリング六½ペンス、すなわち週当り一五シリング〔四分の三ポンド〕をかせぐ）を加えるとき、この産業部門でランカシャーは競争しうる立場になく、競争相手国が生産しうるものを超過した分の仕事しか手に入れられないことは明らかである。……

　ランカシャーは、関税と相対的には高い労働コストのために不利になっているのであるが、その間接費を増大させることによってさらに不利な地位に進んで自らを陥れたのである。そして金本位復帰という追加的負担に対処するための措置は何も講じなかった。その結果として、ランカシャーはその販路を失いつつあり（つねに高級品部門は例外であるが）、そのスピードは他国の生産者が新たな紡機を据え付けることのできるスピードによってのみ限定されている。ランカシャーは世界の総紡錘数のなかで非常に大きな比率を占めているので、その販路を失うというのもゆっくりとでしかない。一九二一年から一九二五年の四年間に日本は紡錘数を五〇%増大させた。しかし、一九二一年の日本の紡錘総数はランカシャーの一〇%でしかなかった（高番手の紡錘を除く）ので、このことは、操業時間の差を考慮に入れても相当に遅いプロセスでしかない。」（『ネイション・アンド・アシニーアム』誌、1926年11月13日、『ケインズ全集第19巻』、前掲、718〜720ページ）

ケインズの筆致は冷静である。彼は、日本の綿業の躍進によってイギリスが次第に追い詰められている現実を統計によって正確に把握した上で、操業短縮には何の経済合理性もないにもかかわらず、銀行や企業家たちが「合理化」を阻害している現状に懸念を表明している。

「ランカシャーにとってまず必要なことは、これらの数字を直視することである。もし、それらの数字がだいたいは正確なものであるとするならば、操業短縮政策の中止が緊急に必要である。そして、それに代わって、紡績工場の合併、統合または閉鎖によって間接費を削減するのを目的とする『合理化』が必要である。弱体な工場を淘汰することが今までできなかったことは、主として銀行のおかげであり、銀行は以前の貸付を保護するために新たな貸付を保護することにあまりにも熱心であった。不健全な金融的基礎をもつランカシャーの工場は二〇〇工場もあるといわれている。非組織的な個人主義というものは、つねに拡大しつつある産業にとっては適切であるが、ある程度の切りつめが必要なときにはそれは全般的な損失をもたらすものである。このような個人主義からの脱却の最初の第一歩を始めうる立場にあるのはランカシャーの銀行業者たちだけなのかもしれない。……

大戦後のイングランド銀行による通貨と信用の誤った管理、炭鉱所有者の頑固さ、ランカシャーのリーダーたちの一見すると自殺的な行動は、わが国の実業家は、前進と後退の入り交じった現代において適合的、適応的であるかどうかという疑問を引き起こす。彼らはいったいどうしたのであろうか――一世代または二世代前にはわれわれはこの階級のものを誇りに思っても、それは正しく、彼らはそれに値していたのであるが？　彼らは古すぎて頑固すぎるのだろうか？　それとも何なのだろうか？　彼らのうちで自力で上昇してきたのではなく、彼らの父親や祖父たちの力を借りて伸びてきたものが多すぎるのだろうか？　炭鉱所有者については、これらの示唆はすべて正しいのかもしれない。しかしわれわれのランカシャー人は、その抜け目なさでイギリスが誇りにしていた人々はどうなのだろうか？　彼ら自身は何か言い分があるのだろうか？」（『ネイション・アンド・アシニーアム』誌、1926年11月13日、『ケインズ全集第19巻』、前掲、720～721ページ）

銀行に適切な行動を求める

ところが、ケインズの言論活動が功を奏したせいか、その後まもなく、綿紡績業者連盟のなかに「綿糸協会」(Cotton Yarn Association) を設立しようとする動きが生じた。ケインズは、この動きを歓迎し、さっそく同じ雑誌に「綿糸協会」と題する一文を寄稿した。ケインズは、そのなかで、以前の持論を三点にわたって繰り返している。すなわち、「綿業の前には三つの目標があり、時間的に緊急性のあるものから順に並べると次のようになる。ただし、その順序はたぶん最終的な重要性を反映するものではない——弱体な売手の排除と運転資本の再補充、過剰能力を現実の需要または潜在的な需要に適合させること、組織的な節約と改善。この節約と改善は後に市場の維持とおそらく回復へと導くであろう。私の信ずるところでは、これが正しい順序のやり方であり、綿業は当面は市場の回復よりは『マージン』の回復に気を配ることのほうが正しいのである。損失を出して販売をしても市場はけっして回復しない。合理的な価格で利益を出して売ることができることによってのみ、それは回復されうるのである。この方向に向かっての第一歩は、これ以上の損失を避けることと、綿業の財務上の再建でなくてはならない」と(『ネイション・アンド・アシニーアム』誌、1926年12月24日、『ケインズ全集第19巻』、前掲、736ページ)。

だが、同時にケインズが、銀行に適切な行動をとるように促していることも見逃してはならない。

「この協会は、ランカシャーの繁栄とかかわりのある他の業界——特に銀行——の率直な賛同と実務的な支援に値すると私は言いたい。銀行はこの危機を解決するために今まで何をやってきたであろうか？　私が聞いているかぎり何もやっていない。銀行の主たる関心は、自らの専門知識と地位を用いて、破産が近づき崩壊がやってくるときに、他の誰よりも銀行のほうがやや安全であることを確実にするということであったように見える。銀行は彼らの貸付が現期の取引の金融という本来の目的に使われるようにし、損失を埋めるためだけに使われないようにするということよりも、貸付に対する抵当物件を手に入れることのほうに関心をもっている。銀行がこれに対する回答を有しているとしても、私はそれがどういうものか知っていない。というのは、銀行は耳や口が不自由な種族であるように見えるからである。銀行が、言われていることを聞き、明瞭な答えをしてくれさえすればよいのであるが！　たぶん、彼らはそうすることができる。もしそうであれば、これがそのチャンスである。銀行が協会を支持するために彼らの強い影響力を用いるならば、協会が発足するのは確かであり、新たな歴史が始まるであろう。」（『ネイション・アンド・アシニーアム』誌、1926年12月24日、同前、739ページ）

ケインズが期待した綿糸協会は、1927年2月18日、マンチェスターにおいて発足した。ところが、需要の減少から協会の先行きが不透明になってきたので、ケインズは、改めて「綿糸協会の動向」と題する一文を同じ雑誌に寄せて、同協会の意義と問題点を論じている。まず、彼は綿糸協会の意義について、適切な統計の整備とそれが可能にした合理的な最低価格の設定という観点から評価している。

「協会は大きなエネルギーと能力をもって運営されてきている。第一歩は、実は高度に分化している産業を別々の部門に格付けし、しかも重大な矛盾なしに一律に取り扱うことができるようにすることと、適切な統計を集めることであった。その次の措置は統計に照らして、市場の購買力に見合うように各部門の標準操業時間を決め、紡績業者の損失の発生を防止することを目的とする最低価格を綿糸の各グレードごとに決めることであった。綿糸協会設立以前に実施されていた操業短縮のルールと異なっている点は、統計的な基礎がより確実であり、操業時間が産業全体に一律に決められるのではなく、各部門の需要の状況に合わされており、協会の加盟員はそれを守るよう勧告されるだけではなく、それを守る義務が課される点である。最低価格政策は危険性をはらんでおり、事前に多くの批判が与えられていた。最低価格がたんに防衛的な水準に低く決まるのではなく、紡績業者の希望と願望の水準に合わせて引き上げられるのではないかと恐れられていた。実際は価格は合理的に決められ、意見のわずかな違いの余地はあるものの、それが典型的な企業にとってのぎりぎりの生存賃金以上のものであると主張した者はいなかった。最後に、生産割当量を委譲できる制度がもうけられ、これによって生産を最も強力な生産者の手に集中することが容易にされている。現在はこの制度は生まれたばかりである。にもかかわらず、いくつかの委譲がすでに決着しており、それによると、注文の少ない企業から注文を確保する点でよりめぐまれている企業に対して操業一時間当り一錘二分の一ペンスで、操業時間が委譲される。また協会は加盟員に対して権力をふるうのを恐ることもなかった――規定の最低価格以下で販売した企業に三〇〇ポンドの罰金が最近かけられた――そして全体としては、この企画の批判者が予測していたよりははるかに大きな忠実さをもってこの協会は支持されてきている。」（『ネイション・アンド・アシニーアム』誌、１９２７年８月27日、『ケインズ全集第19巻』、前掲、750～751ページ）

しかし、紡績業者の75％しか協会に加盟していないという事実が、需要が落ち込んだとき、非加盟業者が最低価格よりも低い価格で目先の利益を得ようとする行動を抑止するには十分ではないことが次第に明白となってきた。ケインズは、落胆を隠さずに、次のように述べている。

「綿糸協会が紡績業のほとんど全部を加盟させることができたならば、それは操業時間の指定と割当の委譲とによって生産の適切な集中度に向かって着実に前進しえたことであろう。それゆえに紡績業者全体の利益にとっては協会を強化することほど確実なことはないようにみえる。しかし、困ったことには、この点についての考慮のほうが、非加盟企業にとっての目に見える利益より圧倒的に大きいということはないように見える。というのは、割当の委譲を求める加盟企業が代価を払って手に入れる利益を非加盟企業はただで手に入れることができるばかりではなく、協会の最低価格より低い価格を付けることによって、協会の産出量規制による利益の全部、そして全部以上のものをただで入手しうるからである。ここに一般の利益のためにやられているあることがある。私は、自らが所属する大きな産業の危険な状況にもかかわらず、それに加盟することなしに、その利点を盗むような者に付ける最良の名前を考え出した人に少額の賞金を提供したい。しかし、現実的な問題は彼らが加盟するようにどうやって説得し、おだて、または強制するのが最良だろうか、ということである。」(『ネイション・アンド・アシニーアム』誌、1927年8月27日、『ケインズ全集第19巻』、前掲、753ページ)

廃れた経済騎士道

ケインズは、加盟率を上げるための「法律による強制」「世論による強制」「協会その他の利害関係者、特に銀行による報復措置による強制」などは考えうるとしているが、私には、基本的に個人主義者(決してハイエク的な意味での「個人主義者」ではないが)の彼が本気で「強制」を推奨していたとは思えない。むしろ、ケインズが危惧していたのは、彼の師匠であったマーシャルが理想とした「経済騎士道」がすっかり廃れてしまったことではないだろうか。そのことは、「綿糸協会が代表する協同行動は一般的利益のために必要なことであり、その果実を盗むような者は公正さと公共精神が欠如している者であるという感情の十分に圧倒的な波がランカシャー全体で生まれることのほうが、もしそれが可能でさえあれば、はるかに良いことであろう」という文章から十分に推察できよう（『ネイション・アンド・アシニーアム』誌、1927年8月27日、同前、754〜755ページ）。

ケインズが危惧したように、綿糸協会は半年後には加盟員に対する規制（操業短縮率と最低販売価格表の遵守の義務）を解除し、設立当初の目論見を達成することが不可能になった。ケインズは、「綿糸協会の退却」という文章のなかで、何が足りなかったかを総括しているが、いろいろな要因を挙げながらも、結局は、先に触れたように、「公正さと公共精神の欠如」が協会全体の協同行動を阻んだと言いたいのではないだろうか。

「過去一年間に私はマンチェスターに何回か赴いた。そこで私はすべての関係者から意見を聞くという例外的な機会を有することができた。そして私はその度に深い悲観主義の感情をもって帰ってきた。私はリンカン・タタソール氏と彼の同僚である綿糸協会の理事たちおよびその事務局長ジョン・ライアン氏が高い能力と快活さをもって行ってきた誠実な努力の崩壊にはおどろいてはいない。今日のランカシャーにはなんらかの建設的な努力に対しては絶望的に否定的なもの――鈍感で、陳腐で、硬直的なもの――がある。それは私の意見では、綿業についての統計的事実よりもはるかに不吉な雰囲気である。綿糸協会の努力は多かれ少なかれ中立的な筋においてすら、物見高く、半分は悪意をもった敵対的態度をもって見守られていたと言っても、ほとんど言い過ぎではないのである。そのような態度は、仮に綿糸協会の構想が知的には誤ったものであったとしてさえも、とるべき態度ではないであろう。」(『ネイション・アンド・アシニーアム』誌、１９２７年11月19日、同前、767ページ)

だが、留意しなければならないのは、この段階のケインズがまだ『一般理論』において提示されることになる「有効需要の原理」をもっていなかったことである。１９２０年代の綿業再編に対するケインズの熱心な取り組みは、現代的な表現を使えば、ケインズのサプライサイド(供給面)強化への関心と言えそうだが、サプライサイドの強化は、実はディマンサイド(需要面)の補強がなければ成功しないというのが、『一般理論』の知見から導かれる見解ではないだろうか。

経済全体の有効需要が拡大しつつある環境のほうが、個別産業のサプライサイドを補強し、生産性の上昇や成長率の引き上げに貢献するイノベーションを誘発しやすいというのが、現代の代表的なケインジアンの見解である。そして、イノベーションによって創造された新商品や新生産方法などが普及していく過程で、新たな需要が生み出されるのである。吉川洋氏（東京大学名誉教授）は、これを「需要とイノベーションの好循環」と表現している（『いまこそ、ケインズとシュンペーターに学べ　有効需要とイノベーションの経済学』ダイヤモンド社、２００９年参照）。すなわち、有効需要の拡大→個別産業のサプライサイドの刷新とイノベーションの誘発→さらなる有効需要の拡大、というように。

シュンペーターが見抜いたイノベーションの本質

企業家によるイノベーションの遂行に資本主義の本質を見出したシュンペーターは、動態においては、需要と供給をお互いに独立した要因としては捉えられず、企業家によって創造された新商品は、企業家のイニシアティブを通じて消費者に教え込まれることによって新たな需要を創り出していく（ガルブレイスの「依存効果」の先駆！）ことを初期から主張していた。彼の名前を経済学史において不滅のものにした傑作『経済発展の理論』

（初版は1912年、第2版1926年）から引用してみよう。

「……経済における革新は、新しい欲望がまず消費者の間に自発的に現われ、その圧力によって生産機構の方向が変えられるというふうにおこなわれるのではなく――われわれはこのような因果関係の出現を否定するものではないが、ただそれはわれわれになんら問題を提起するものではない――、むしろ新しい欲望が生産の側から消費者に教え込まれ、したがってイニシアティヴは生産の側にあるというふうにおこなわれるのがつねである。これが慣行の軌道における循環の完了と新しい事態の成立との間の多くの相違の一つである。すなわち、供給と需要とをたがいに原理的に独立した要因として対立させることは、第一の場合には許されるが、第二の場合には許されない。この結果として、第一の場合の意味における均衡状態は第二の場合にはありえないことになる。」（J・A・シュムペーター『経済発展の理論』塩野谷祐一・中山伊知郎・東畑精一訳、岩波文庫、上巻、1977年、181〜182ページ）

すなわち、シュンペーターは、イノベーションをめぐる競争がその本質である資本主義の「動態」では、「静態」とは違って、供給→需要→供給という流れが生じるのがふつうだと見なしていたのである。彼はケインズの天才を高く評価し、なかにはそれを「嫉妬」していたという人もいるくらいだが、存命のうちは、両雄並び立たずというべきか、両者のあいだに学問的な対話がなされることはなかった。それを考えると、21世紀に入って、吉川氏のように「需要とイノベーションの好循環」という形で両者を活かす理論や政策を提言する研究者が出てきたことは喜ばしい限りである。

「投資の社会化」とは何か

さて、1920年代のケインズが綿業の再編問題に熱心に取り組んだ事実は、その後のケインジアンにどのような影響を及ぼしたのだろうか。実は、この問いへの答え方は、「ケインジアン」という言葉で誰を指すかで違ってくる。

「ケインジアン」は、もともと、ケインズ経済学を受け継ぐ人たちを指す言葉だったが、第二次世界大戦後、大きく分けると、ケインズの愛弟子であったリチャード・カーン（1905〜89年）、ジョーン・ロビンソン（1903〜83年）などを中心にするグループと、アメリカでケインズ経済学を学問的にも実践的にも発展させていったアルヴィン・H・ハ

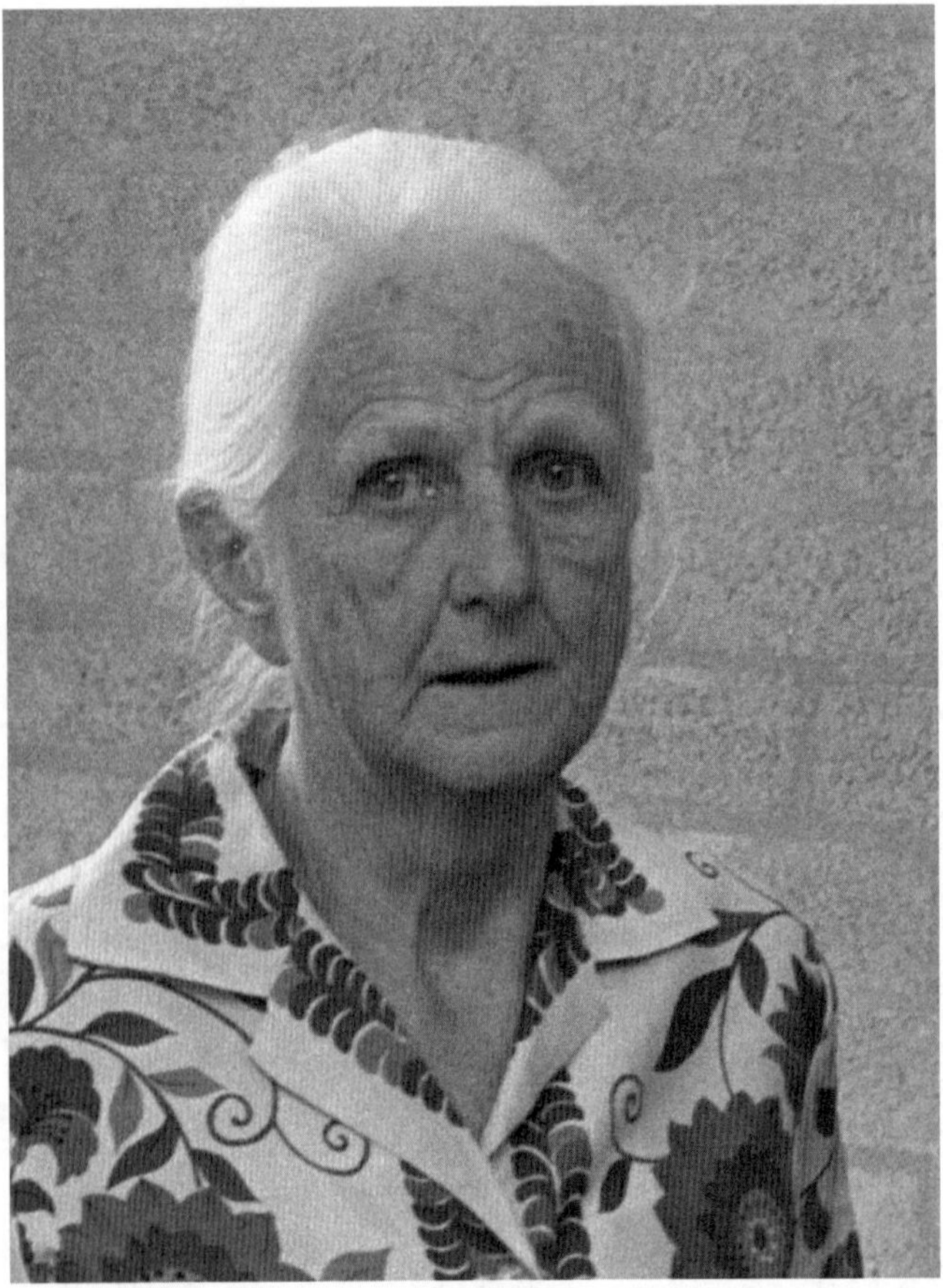

ジョーン・ロビンソン(Joan Violet Robinson、1903〜83年)。イギリスの経済学者。ケインズの愛弟子であり、ポスト・ケインジアンを代表するひとり。マルクス経済学もその研究対象とし、ポーランド出身の経済学者カレツキの影響も受けた。写真／Alamy / アフロ

ンセン（1887〜1975年）、ポール・A・サムエルソン、ジェームズ・トービン（1918〜2002年）などを中心とするグループに「分裂」してしまった。いまでは、前者を「ポスト・ケインジアン」、後者を「新古典派総合」あるいは単に「ケインジアン」と呼んでいる。

世界的に主流になったのは後者であり、サムエルソンが執筆した『経済学 入門的分析』（初版は1948年、その後3〜5年の間隔で改訂されていった）は、私たちが経済学を学び始めた頃までは、経済学部の学生のあいだで最もよく読まれた教科書だった。この本で初めて、ケインズ理論の基本である45度線による国民所得決定理論や、IS／LM図表によるケインズ体系のモデル化を知った学生も多かったと思う。ところが、このようなケインズ理解に異議を唱えたのが前者であり、彼らは、ケインズが不確実性の論理を重視し、独自の貨幣的経済理論を構築していたことなどをもっと掘り下げようとした。残念なことに、研究者によって強調点が異なるのが「汎用性」を損ねているのだが、ポスト・ケインジアンの本拠地はケインズが在籍したイギリスのケンブリッジ大学であり、異端派ながら、アメリカにも日本にも同調者がいた。そして、ケインズ政策をアメリカのケインジアンのように単に財政・金融政策による総需要管理として捉えるのではなく、産業政策を伴う供給面の刷新と有効需要の増強策として再解釈したのは、イギリスのポスト・ケインジアンなのである。その一人が、ケンブリッジ大学教授をつとめたニコラス・カルドア（1908〜86年）である。*1

カルドアのユニークさは、彼がケインズの『一般理論』のなかで示唆された「投資の社会化」（ただし、ケインズはこの言葉をズバリとは使っていない）というアイデアを産業政策として再解釈をおこなったことである。ケインズのアイデアは、「社会化」という言葉が災いして一時「社会主義」的な提案として誤解されたこともあったが、念のために、ケインズがどんなことを言っていたか確認しておこう。

「私自身としては、現在、利子率に影響を及ぼそうとする単なる貨幣政策が成功するかどうかについていささか疑いをもっている。私は、資本財の限界効率を長期的な観点から、一般的、社会的利益を基礎にして計算することのできる国家が、投資を直接に組織するために今後ますます大きな責任を負うようになることを期待している。なぜなら、上述の原理に基づいて計算される各種資本の限界効率に関する市場評価の変動があまりにも大きくなるので、利子率の実現可能な変化によってもはや相殺できないようになるかもしれないからである。」(『ケインズ全集第7巻　雇用・利子および貨幣の一般理論』塩野谷祐一訳、東洋経済新報社、1983年、162ページ)

すなわち、これは、利子率政策の限界(利子率を引き下げても、その効果が資本の限界効率――予想利潤率のこと――の激動によって打ち消されてしまう可能性があるので、完全雇用を実現するには十分な投資量を確保できないこと)について語った文脈で出てくる文章である。それゆえ、いわゆる「投資の社会化」と呼ばれる政策も必要になるということなのだが、カルドアは、これを国家による投資の計画化ではなく、産業政策だと看破したのである。

イギリス病対策にも指針を与える

カルドアは、1920年代のケインズが綿業の再編問題に取り組んだように、第二次世界大戦後、イギリス病と呼ばれた産業競争力の低下をなんとか再建しようと努力した。カルドアの場合は、とくにイギリス製造業の競争力低下が経済全体の生産性や成長率の伸びの低下につながっているという危機意識が強烈だが、あるところでケインズの「投資の社会化」に触れたとき、それは、①高度の輸出潜在力や技術潜在力をもった産業の意図的な奨励、②民間投資の積極的な指導と誘導、③行政指導を指していると明言している。[*2]

晩年のカルドアは、サッチャー政権が「金融」筋寄りの政策を採用し続けたことを痛烈に批判し、「産業」の再建のためには、有効需要の増強が長期的に技術潜在力や輸出潜在力の向上につながるような適切な産業政策を伴わなければならないと考えていたのである。

もちろん、カルドアには、ケインズの時代にはあまり使われなかった視点があったことも重要である（先駆者を挙げるとすれば、カルドアがLSE／ロンドン・スクール・オブ・エコノミクス時代に学んだアリン・ヤングだろう）。それは、製造業において収穫逓増の法則が強力に働いているので、例えば優れた技術力や組織力によって世界におけるマーケット・シェアを急速に拡大した国はその利益をいち早く手に入れ、他の国に対して圧倒的に有利な立場に立つということである。これを「循環的・累積的因果関係の原理」と呼んでいる。これは、もともと、スウェーデンの経済学者グンナー・ミュルダールが世界における先進国と開発途上国との経済格差を分析するのに援用したものだが、カルドアは、これをイギリスが疲弊した製造業を再建し、その国際競争力を刷新するような産業政策を正当化するために用いた。

カルドアは、イギリスの製造業が国際競争力を回復するまでのあいだ、イギリスが一時的に輸入統制をおこなうことさえ容認していた。彼は、一貫して労働党政府の経済顧問をつとめたが、それはちょうどケインズが国益を背負って歴代のイギリス政府（保守党、労働党、自由党を問わず）に経済政策を提言し続けたのと同じである。もっとも、21世紀の現在、世界が鎬を削っているのはIT産業の分野であって、もはや製造業ではないという違いはあるが、最初にその分野で著しくマーケット・シェアを伸ばしてきたGAFA（グーグル、アップル、フェイスブック／現メタ、アマゾン）がどれほど収穫逓増の利益を独り占めしているかは想像に難くない。インターネットの普及によって生まれてきた新しい可能性に誰よりも早く気づき、その分野でのイノベーションを遂行するのはシュンペーター流の企業家ではないのかという疑問が生じるだろうが、それは正論ではあるものの、イノベーションが生じやすいような環境を整備することによってそれを支援するのは政府の重要な役割であることも忘れてはならない。自由放任主義の伝統がいまだに強いと思われているアメリカでさえ、政府は技術潜在力の高い分野での投資を積極的に支援しているのが現実である。

政治家にも受け継がれる思想

さて、イギリスでカルドアとほぼ同時に、そして彼の死後はそれを受け継いで言論活動を続けたのは、現在上院議員のジョン・イートウェル（１９４５年〜）だろう。彼も労働党政権の経済顧問をつとめたポスト・ケインジアンであり、ケンブリッジでの研究生活（ケンブリッジ大学講師・トリニティ・カレッジのフェローなどを経てクイーンズ・カレッジの学長職にも就いた）が長かった（貴族院に籍を置いてからは、Lord Eatwell と呼ばれている）。産業的競争力についての彼の見解は、ＢＢＣでも放送された番組をまとめた著作で読むことができる。[*3]

例えば、イートウェルは、サッチャー時代のイギリスでも根強く残存していた自由放任のイデオロギーに抗して、カルドア流の「産業政策」を日独仏の国名を挙げながら擁護している。[*4]

「保護された経済における需要の拡大は、必要なものではあるけれども、経済を累積的拡大の好循環の上に誘導するには十分ではないことが判明するかもしれない。

製品の輸入を制限する戦略は、もちろん、単に輸入総額を削減することによって、成長に対する国際収支の制約を緩めるための工夫ではない。それはまた需要を明確に製造部門のほうに誘導することも意図している。しかし、私たちの競争相手の経験によれば、このように誘導された需要の増大でも過去の趨勢を逆転させるには十分ではないだろうと示唆されている。もっと詳細な産業政策が必要である。

ここで私たちは競争相手から学ぶことができる。産業政策が成功するための基礎は、需要の制御、金融の制御、そして投資への一部直接的な影響力、それゆえ産業構造の進化への影響力である。需要の制御は、補助金に対する支出を含む政府の支出と課税に関する意思決定と、輸入に関する制御を通じて達成されうる。金融と直接的な影響を及ぼす諸方法は、さらに複雑な諸問題を提起する。

戦争以来のフランス、ドイツ、そして日本の経験が私たちに教えているのは、産業の再編政策が成功するには何らかの中央管理と調整のシステムが必要であり、しかも、市場経済では、これは金融の流れを何らかの形で管理することを意味していることである。」

イギリスで産業政策を提唱するときしばしば障害となるのは、「産業」（Industry）と「金融」（Finance）が必ずしも協調関係を築いていない（対立することさえある）ことである。サッチャー政権は、カルドアが厳しく批判したように、明らかに金融寄りの政策を採り続けた。イートウェルは、同じような問題意識から、イギリスの金融機関が産業に対して長期的金融を提供するような環境を整備すべきだと主張している。[*5]

「イギリスの銀行や他の金融機関は、産業に対して長期的金融を提供することを明らかに渋っているとしてしばしば批判されてきた。しかし、忘れてはならないのは、そのような金融を提供するには、金融と産業のあいだの関係を全面的に再編することが必要だということである。両者のあいだのよそよそしい関係がイギリスの状況の典型なのだが、それは長期的な金融リスクがかかっているときにはうまくいかないだろう。それにもかかわらず、イギリス経済のための再建計画は、長期的金融を前例のない規模で製造業に投入する必要があるだろう。1870年代のドイツにおいて企画されたものに比肩しうる金融システムの制度改革が必要である。そのような改革の詳細な内容がどんなものかは、大きな重要性をもっていないかもしれない。しかし、フランスやドイツの産業的銀行業に類似した何かが採用されないのならば、驚くべきことだろう。その金融システムとは、企業経営と金融の組織における補完的な改革と、リスクのある事業を最終的に保証するものとしての国家により大きな役割を担わせるようなものである。きわめて重要な点は、金融界の利益が製造業の利益に従属させられるべきだということである。」

イートウェルは、それでもかつてのケインズやカルドアの「苦闘」をよく知っているので、イギリスで簡単に自由放任主義の流れを汲む思想が葬り去られると考えるほど楽観的ではなかった。ましてや、右の文章を書いているときが、ハイエク＝ミーゼスの経済哲学に強力にコミットした保守党のマーガレット・サッチャーが権力を掌握していた時期と重なっていたとなればなおさらである。案の定、イートウェルは、「効率的市場の概念が経済学者や実務家の心をどれほどとらえているかは、ふつうに想像する以上にもっと強力なものがある」[*6]と言っている。この章の関心に引きつけていえば、「効率的市場」の信奉者にとっては、例えば、カルテルが経済状況を改善させるというような主張は「荒唐無稽」のように思えるだろうし、輸入統制を雇用改善策に利用するなど「狂気の沙汰」となるのかもしれない。

だが、イートウェルは、私なりに咀嚼していうと、自由放任のイデオロギーの強かったアングロサクソンの経済風土とはまるで違う戦後日本で、およそ「効率的市場」とはかけ離れたカルテルや輸入代替策などが官民一体となって進められたにもかかわらず「奇跡」と呼ばれるほどの経済成長を成し遂げたのはなぜかを問おうとしたのだろう。彼は、日本の「奇跡」は不可解なものではなく、収穫逓増の法則が作用する世界では「必然」だったのだと言いたかったのではないだろうか。彼の言葉は示唆的である。[*7]

「私たちの累積的因果関係の原理の言葉で思考することとは、必然的に何らかの自動的メカニズムも伴うが、そのメカニズムは次のような意味で制約のないものである。すなわち、とくに需要の成長率のようなストーリーにおけるきわめて重要な点で、自動的諸力は存在しないということだ。その代わり、経済の特定の歴史と制度の進化が一役を担う。それゆえ、経済問題をこのように眺めると、特定の経済を構成する諸制度は欠陥とは見なされず、物語を語るべきときに必要な、まさに素材なのである。」

もしかしたら、ベルリンの壁の崩壊以降に生まれ、新自由主義的な思考法に染まった若い人たちには、イートウェルの言論活動は古めかしいように思えるかもしれない。だが、現代イギリスには、イートウェルも設立にかかわった進歩的なシンクタンク、IPPR

(Institute for Public Policy Research）が活発に活動しており、経済社会の広範な諸問題（産業政策ばかりでなく、地球環境問題、医療問題、芸術振興策等々）についての提言をまとめていることを付言しておきたい。[*8] 彼らは、産業政策というよりも「産業戦略」(Industrial strategy）という言葉を用いているが、その内容をみると、イギリス経済の構造変化の促進、ディマンドサイドとともにサプライサイドの改善、生産性の向上、イノベーション政策など、この章で私が論じてきたことの重要性を理解し、ケインズの真の精神を現代に伝えているのがわかる。[*9] この意味でも、ケインズは決して死んでいないのだ。

＊1　もっとも、カルドアは、初期にはＬＳＥでライオネル・ロビンズの指導のもと新古典派の研究に勤しんでいたが、ケインズ革命を境にケインジアンに転向し、第二次世界大戦後はケンブリッジ大学で研究生活を送るとともに労働党政府の経済顧問の仕事も精力的にこなした。詳細は、拙著『定本　現代イギリス経済学の群像　正統から異端へ』（白水社、２０１９年）第２章参照。

＊2　Nicholas Kaldor, *Further Essays on Economic Theory and Policy*, 1989, p.72.

＊3　John Eatwell, *Whatever happened to Britain ?: The Economics of Decline*, Duckworth, 1982.

＊4　*Ibid.*, pp.158-159.

＊5　*Ibid.*, pp.159-160.

＊6　*Ibid.*, p.162.

＊7　*Ibid.*, p.163.

＊8　ＩＰＰＲのホームページを眺めるだけでも、イギリスで「進歩的」と形容される団体の雰囲気を知ることができる。https://www.ippr.org

＊9　https://www.ippr.org/files/publications/pdf/cej-industrial-strategy-steering-change-in-the-uk-economy-november-2017.pdf（２０２２年3月6日アクセス）

第3章　『一般理論』をどう読むか

難解とされる『一般理論』

ケインズの『一般理論』は、難解な理論書として知られている。私の学生時代には、その古典を読むための手引書が何冊も出版されていた。[*1] これから『一般理論』を手に取ろうとしている意欲のある読者は、優れた手引書を読みながら、ぜひとも原典に挑戦してほしい。この章では、スペースの制約もあるので、私自身がケインズ関連の文献を読んできた経験を踏まえて、『一般理論』をどの点に注意しながら読んでほしいかについて試案を提示してみることにしたい。

『一般理論』を読む前にあらかじめ留意してほしいことがある。ケインズは、経済学の歴史に偉大な痕跡を残した天才だったが、他人の文献を扱うときは、少しばかり軽率かつ不注意なところがあった。これは、『一般理論』がそれまでの経済学の伝統にはなかった「有効需要の原理」を提示し、いわゆる「革命」を成し遂げたのだということを強調したいがゆえにケインズが意識的に採った戦略とも大いに関係がある。ケインズはそれによってケンブリッジにおけるみずからの師匠であったマーシャルや先輩のピグーなどと袂を分かつ形になったが、実は、マーシャルやピグーなどケンブリッジ学派の先人たちの業績なしに『一般理論』が書かれたわけでは決してない。最近の学界では、どちらかといえば、ケインズの天賦の才を認めながらも、彼がケンブリッジ学派の伝統のなかから出てきたことを強調する傾向がある。伊藤宣広氏（高崎経済大学教授）の『現代経済学の誕生 ケンブリッジ学派の系譜』（中公新書、２００６年）は、この立場の代表作である。

『一般理論』が出版されたとき、ケンブリッジ学派の創設者であるマーシャルはすでに没していたが、標的にされたピグーはまだ現役の経済学教授であった。ピグーは、いわゆる「古典派」（ケインズ特有の用語で、スミス、リカード、ミルの他に、マーシャルやピグーなど、ふつう「新古典派」と呼ばれる人々も含まれている）の経済学者がすべて「セイの法則」（しばしば「供給はそれみずからの需要を創り出す」と表現されるが、要するに、作ったものはすべて売れるので、企業家が販路を気にする必要はないということだ）の信奉者で、自分（ケインズ）だけがその法則の虚構性を正確に理解しているという趣旨の主張には内心不愉快な感情を抱いただろう。というのも、ピグーやケインズの後輩であるデニス・Ｈ・ロバートソンなどは、マーシャルがやり残した景気変動論の分野において、ケインズよりも先に景気が落ち込んだときの失業対策として公共投資を提唱していたからである。

ケインズは、もちろん、それらの仕事を熟知していたに違いない。だが、イタリア出身の経済学者で、ケインズがケンブリッジ大学への招聘に尽力したピエロ・スラッファ（1898～1983年）の言葉を借りるならば、ケインズはなぜ公共投資が必要になるのかを解明する「合理的基礎」を問うているのである。マーシャルやピグーなどは、セイの法則が景気の落ち込みで「一時的」に成り立たない可能性は十分に認識していた。だが、それは「一時的」な現象で、「長期的」にはセイの法則は妥当性を取り戻すと考えていた。ケインズの関心は、10年以上も長きにわたって、経済体系が失業を伴いながらいわば「静止」してしまう可能性（人によっては「不完全雇用均衡」と呼ぶが）を解明することにあったのである。ケインズは、「完全雇用」はよほど恵まれた経済状況でしか実現されないものであり、経済体系が「非自発的失業」（ケインズの用語で、有効需要の不足によって生じる）を伴っているのが常態だと考えていた。それゆえ、単に景気循環の「一局面」として不況が生じているというのではなく、非自発的失業者が長きにわたって消滅しない「合理的基礎」を追究するようになったのである。

長期的問題としての「不況」

だが、ここで問題になるのは、『一般理論』が「短期の想定」（資本設備、人口、技術が所与）を置いている以上、ケインズの関心が長期的雇用理論にあったというのは無理があるのではないかということである。確かにその点は「矛盾」と受け取られても仕方がないかもしれない。その問題をめぐっては、ケインズ研究家のあいだでも、合意はない。けれども、私は長いあいだ、京都大学での恩師、伊東光晴氏（京都大学名誉教授）が研究室のオーラル・トラディションとして遺した、「ケインズは〝短期〟の分析道具をもって〝長期〟を問題にしたのだ」という言葉が気になっていた。

『一般理論』のテキストだけではなく、時代状況や『ケインズ全集』や草稿の類を読み込めば、ケインズは、1920年代の綿業再編問題や1930年代の世界的大恐慌などに対する関心に明白に表れているように、数年では片が付かない長期的問題として「不況」を捉えていたとわかるはずである。とすれば、「短期の想定」の背後に「長期的含意」が隠されていたと解釈することもできるのではないか。実は、私は、1980年代の中頃、イギリスのジョン・イートウェルやアメリカのマレー・ミルゲイトなどがケインズの「長期的雇用理論」と言い始めたとき、当初は違和感を覚えた。しかし、『一般理論』を精読するうちに、彼らの「直観」は正しいのではないかと大学院の博士課程を修了する前後に考えるようになった。[*2]イートウェルが言うように、「短期の想定」は、資本蓄積や人口変化や技術変化などが雇用量に及ぼす影響を捨象し、有効需要に焦点を合わせるための工夫だったのだと。

だが、そのことは誤解を生み出す源にもなった。というのは、「短期の想定」をとった『一般理論』は「短期理論」であるという理解が通説になってしまったので、「長期的」に市場メカニズムが有効に働き始めれば、「有効需要の原理」も要らなくなるという、ケインズ革命の意義を否定しかねない方向への道を拓いたからである。もちろん、『一般理論』にはあまりにも多くの思想が紛れ込んでいるので、「古典派」の伝統に比較的忠実な部分も、その伝統とは断絶したようにみえる部分も両方ある。『一般理論』を正確に理解するには、その両方に通じておかねばならない。以下、その点に留意しながら読んでいってほしい。

『一般理論』と45度線

さて、多少とも経済学をかじったことのある読者なら、『一般理論』の最も単純なモデル（サムエルソンの経済学教科書が解説した45度線を用いた所得決定理論）が紹介されていたのを覚えているだろう。だが、もちろん、『一般理論』には45度線などは出てこない。『一般理論』は難解な上に構成が巧くないとよく言われたものだが、ケインズも、彼なりに読者の理解を助けようといろいろと努力している形跡はうかがえる。例えば、「有効需要の原理」の詳細を説明する前に、「第1編　序論　第3章　有効需要の原理」において、そのあらましを提示している。この部分は、簡潔ながら非常に重要なので、まず、ケインズ自身の核心を突いた説明をよく読んでほしい。

「この理論は次の諸命題に要約することができる。
（一）技術、資源および費用が一定の状態においては、所得（貨幣所得および実質所得の双方）は雇用量Nに依存する。
（二）社会の所得とそれが消費に支出されると期待されうる額――それをD_1で示す――との間の関係は、社会の消費性向と呼ばれる社会の心理的特徴に依存する。すなわち、消費は、消費性向になんらかの変化のある場合以外は、総所得水準、したがってまた雇用水準Nに依存する。
（三）企業家が雇用しようと決意する労働量Nは、二つの量、すなわち社会が消費に支出すると期待される量D_1と、社会が新投資に向けると期待される量D_2との合計（D）に依存する。Dはさきに有効需要と呼んだものである。

（四）〔均衡においては〕$D_1+D_2=D=\phi(N)$ ——ここでϕは総供給関数——であり、また、上の（二）において見たように、D_1は消費性向に依存するNの関数——それを$\chi(N)$と書くことができる——であるから、$\phi(N)-\chi(N)=D_2$となる。

（五）したがって、均衡状態にある雇用量は、（イ）総供給関数ϕ、（ロ）消費性向χ、および（ハ）投資量D_2に依存する。これが雇用の一般理論の核心である。」（『ケインズ全集第7巻 雇用・利子および貨幣の一般理論』塩野谷祐一訳、東洋経済新報社、１９８３年、29〜30ページ、傍点は原本ママ）

　ケインズは、かいつまんでいうと、次のように主張している。「短期の想定」をおくと（一）、所得Yは雇用量Nに依存するが、両者のあいだに一義的な関係があると表現してもよい。社会全体の総需要（ケインズは、「有効需要」という言葉を使っている）は、消費性向に依存する消費D_1（所得したがって雇用量の関数）プラス投資D_2である（一と二）。均衡所得は、この意味での総需要と総供給（これも雇用量の関数である）が等しくなるところで決定されるが、消費は所得の安定的な関数なので（ここには書いていないが、いわゆる「限界消費性向」が1より小さい正の値をとること）、投資が所得決定において戦略的に重要な役割を果たすことになる（四）。以上によって、均衡所得したがって均衡雇用量は、総供給関数、消費性向、投資量の三つに依存することになる（五）。

「短期の想定」をとると、総供給関数は所与になるので、サムエルソンは、有名な45度線モデル（縦軸に消費Cプラス投資I、横軸に所得Yを測り、C+I曲線と45度線との交点において均衡所得が決定される）のように、総需要（すなわち、消費プラス投資I）のみに焦点を合わせた、視覚的にとてもわかりやすいケインズ理解を提示した。だが、第2章で詳しく論じたように、産業政策を通じてイノベーションにつながるような革新投資を誘導し、長期的に総供給関数が変化していくと、総需要のみが所得や雇用量を決めるというわけにはいかない。ただし、ここでも、総需要が供給サイドを刺激するという「有効需要の原理」は生きており、総需要の支えのないままただ総供給のみを拡大しようとしても「需要とイノベーションの好循環」は生じない。これがケインズ的な思考法である。

ケインズ自身は、図を使った説明はしていないが、研究者たちはケインズの意図になるべく忠実に、総供給曲線Zと総需要曲線Dを描き、両者の交点で均衡雇用量Neが決定されるという主張を図示してきた[*3]（図1を参照）。こうして決まる均衡雇用量は稀な例外を除いて完全雇用には達していないので、まず、有効需要を補強する政策（繰り返しになるが、単にマクロの金融・財政政策のみではなく、将来、供給面を刷新する革新投資を誘発するような産業政策を含む）によって、Dを上方にシフトさせねばならない（図2のDからD'へのシフト）。その狙いが成功すれば、長期的にZが下方していくだろう（ZからZ'へのシフト）。均衡点が、E_1、E_2、E_3へとシフトしているのがわかるだろう。総供給曲線のシフトがイノベーション効果によってさらに総需要曲線のシフトにつながれば、これこそまさに「需要とイノベーション」の好循環なのである。それが成功するかどうかは、時代状況にもよるので確定的なことは言えないが、以上が、第2章で詳しく見てきた20年代のケインズの関心を、『一般理論』の「有効需要の原理」の枠組みに移し替えて説明したものになる。

ただし、一つだけ、再確認すべき重要な論点が残っている。それは、総供給曲線がシフトする長期において成立する均衡点が必ずしも完全雇用を実現しているとは限らないということである。もし「長期」においては経済システムの一時的な機能不全が矯正され完全雇用が実現されるというのなら、それはまさに「新古典派」的な発想法になるが、ケイン

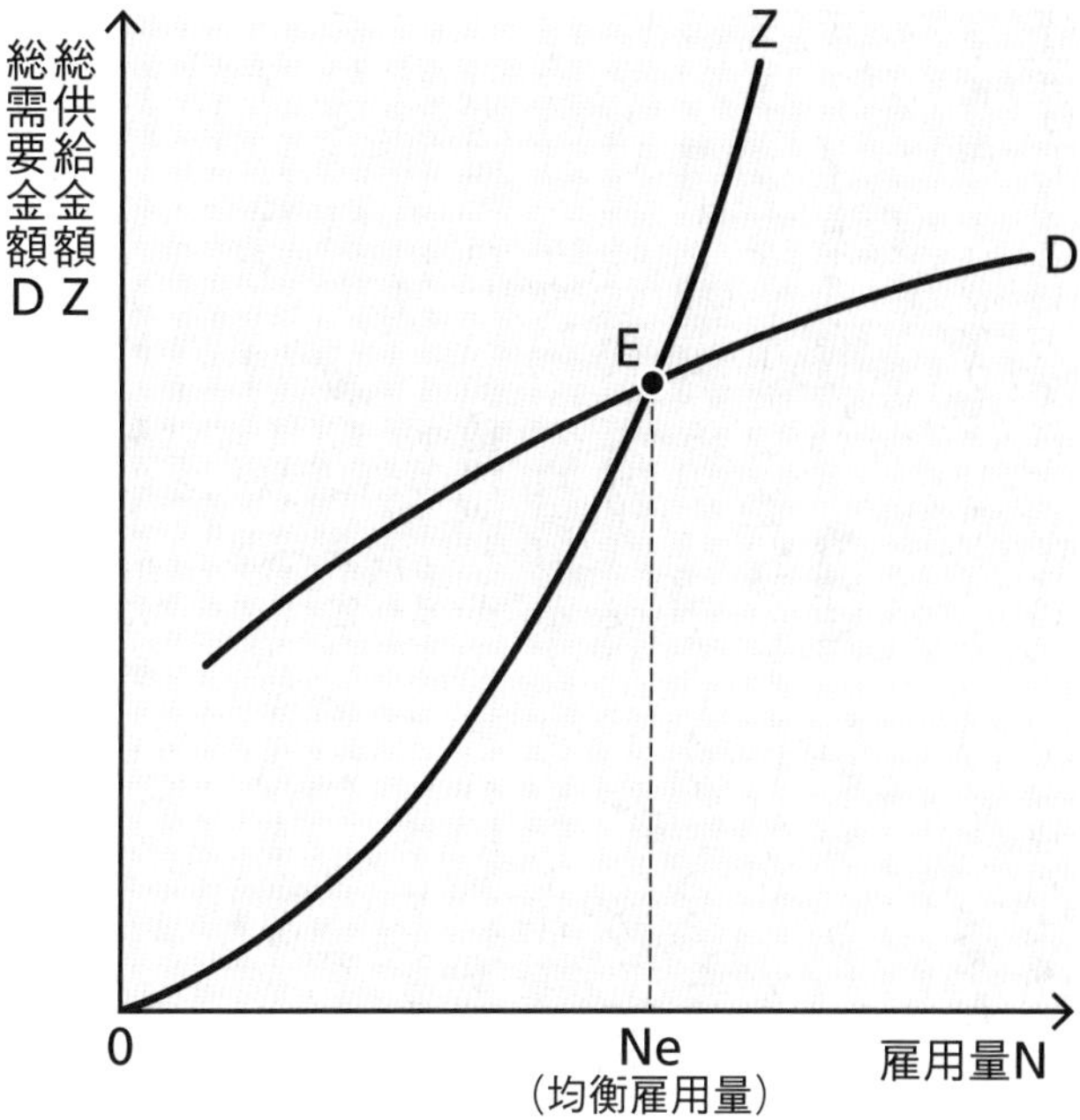

図1　雇用量決定についてのケインズの主張を、後年の研究者たちが図示してきた。総供給曲線Zと総需要曲線Dを描き、両者の交点で均衡雇用量Neが決定される。

ズは明らかにこれを否定している。ケインズは、『一般理論』の「第4編　第18章　雇用の一般理論再説」のなかで、次のように言っている。

「とくに、われわれの生活している経済体系は、産出量および雇用に関して激しい変動にさらされているけれども、甚だしく不安定ではないということが、その著しい特徴である。もちろん、経済体系が回復に向かうのか完全な崩壊に向かうのか明確な傾向を示すことなく、かなりの期間にわたって慢性的な正常以下の活動状態にとどまることもありうるように見える。それればかりでなく、現実が示すところによれば、完全雇用あるいは完全雇用に近い状態でさえ、稀にしか起こらず、長続きしないものである。変動は最初活発に始まることがあるが、著しく極端なものに進まないうちに衰えてしまうように見え、絶望的でもなく満足なものでもない中間的な状態がわれわれの正常な状態である。」(『ケインズ全集第7巻 雇用・利子および貨幣の一般理論』塩野谷祐一訳、前掲、247〜248ページ)

つまり、「短期」であろうと「長期」であろうと、完全雇用は稀にしか実現せず、生活を著しく不安定にするほどではないものの、完全雇用よりはかなり下の状態が「正常」で

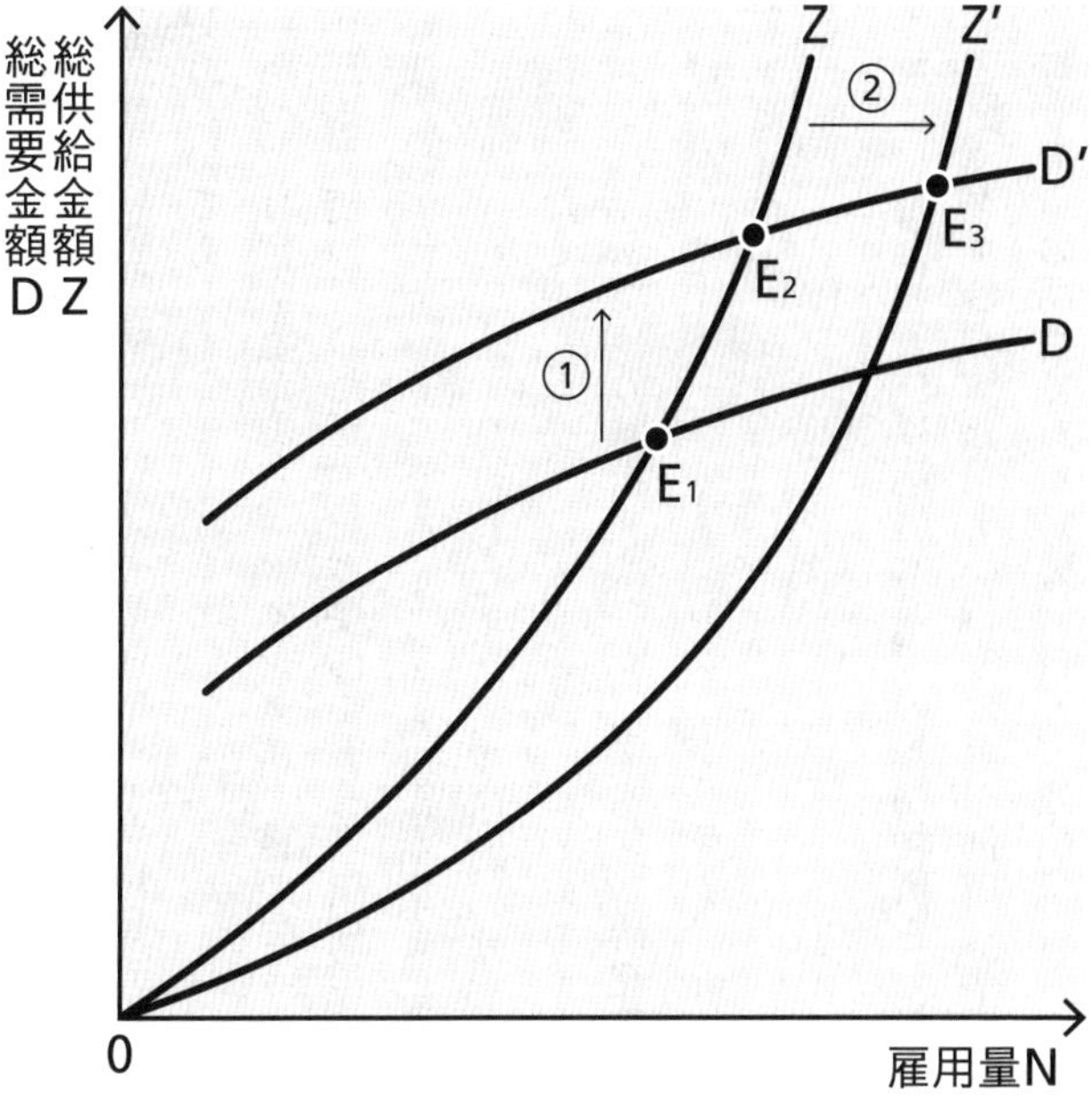

図2　均衡雇用量は稀な例外を除いて完全雇用には達していない。有効需要を補強する政策によって、Dを上方にシフトさせる（DからD′へ）。長期的にZは下方し、均衡点が E_1、E_2、E_3 へとシフトする。

あるというのが、ケインズの認識であった。『一般理論』の「短期の想定」に惑わされて、「ケインズ理論＝短期理論」というふうにシェーマ化してしまうと、ケインズの真意を見失う恐れがあるのである。

ただし、一つだけ留意点がある。ケインズは、確かに「短期の想定」をふつうの新古典派とは違う意味で使ったのだが、総需要曲線と総供給曲線の交点で均衡雇用量（そして均衡所得）が決まるという発想は、マーシャルが個別企業や個別産業の均衡を「需要と供給」のシンメトリーによって分析した手法（専門的には、「部分均衡分析」と呼ぶが）を経済全体に拡張したものだということである。この点では、ケインズは優れたマーシャリアンだった。これも私だけの解釈ではなく、ケインズ研究者なら大多数は賛成するに違いない。例えば、バーナード・コリー（ロンドン大学クイーン・メアリー・カレッジ教授）は、次のように言っている。[*4]

「マーシャルは、企業および産業の水準での短期均衡を分析したが、ケインズはこれに対し、同じことをマクロの水準で、すなわち総産出量の水準で行ったのである。マーシャルが産出量に対して負の関数である需要価格と、産出量に対し正の関数である供給価格とが等しくなるところで産業の均衡を得たのとまさに同じく、ケインズは、総需要価格が総供給価格と等しくなるところで、総産出量の均衡を得たのである。そして有効需要は均衡点における総需要であった。」

のちに、ケインズの愛弟子が、例えばジョーン・ロビンソンのように、『一般理論』は「均衡」分析を否定し、「不確実性の論理」あるいは「歴史的時間」を重視する方向へ向かったのだと主張するようになるが、それはやはり誇張を含んだ解釈である。ケインズの「不確実性の論理」そのものは非常に興味深いものなので、後に触れることになろうが、彼が「均衡」概念そのものを否定したというのは『一般理論』に関する限り当たっていないと思われる。

国民所得決定理論と流動性選好説

さて、以上を踏まえた上で、「有効需要の原理」を支える二つの柱、国民所得決定理論と流動性選好説にかかわる『一般理論』の重要部分を読んでみよう。一昔前の学界では、この二つのうちのどちらに『一般理論』の核心があるのかについての論争があったものだが（例えば、アメリカのケインジアンが国民所得決定理論を重視しているのに対して、イギリスのケインジアンは流動性選好説を重視しているというように）、現在の私は、二つあわさって「有効需要の原理」を支えているので、「どちらが」という問いはさほど重要ではないと思っている。また、その二つについて、ケインズの独創性はどれほどの比重で認められるかという問いにも、ここでは立ち入らない。どんな思想にも先人の形跡があり、ケインズも、マーシャル以来のケンブリッジ学派に連なる人々の著作に学び、吸収すべきは吸収し修正すべきは修正しつつ、「有効需要の原理」という一つの「体系」にまとめ上げたのである。

国民所得決定理論の初歩（45度線を使った所得決定モデル）については周知のものだから、ここでは繰り返さない（もし不案内な読者がいれば、マクロ経済学入門の教科書をよく読んでほしい）。ただし、ケインズが『一般理論』を公刊したとき、誰もそのような簡略化されたモデルを知らなかったことは記憶にとどめるべきである。それゆえ、現在、私たちが読んですんなり理解できることも、ケインズの意味での「古典派」の人々にはなかなか理解し難かったのではないかと思われる。

例えば、前にも取り上げた『一般理論』の「第1編　序論　第3章　有効需要の原理」において、ケインズはいわゆる「豊富のなかの貧困」について語っているのだが、これは所得決定理論の初歩を理解していれば何も不思議な現象ではないだろう。

「……社会が豊かになればなるほど、現実の生産と潜在的な生産との間の差はますます拡大する傾向にあり、したがって経済体系の欠陥はますます明白かつ深刻なものとなる。なぜなら、貧しい社会はその産出量のきわめて大きな割合を消費する傾向にあり、したがって完全雇用の状態を実現するにはごくわずかな程度の投資で十分であるが、他方、豊かな社会は、その社会の豊かな人々の貯蓄性向がその社会の貧しい人々の雇用と両立するためには、いっそう豊富な投資機会を発見しなければならないからである。潜在的に豊かな社会において投資誘因が弱い場合には、その潜在的な富にもかかわらず、有効需要の原理の作用によって社会は現実の産出量の減少を余儀なくされ、ついには、その潜在的な富にもかかわらず、社会はきわめて貧しくなり、消費を超える余剰は投資誘因の弱さに対応するところまで減少することになる。」（『ケインズ全集第7巻 雇用・利子および貨幣の一般理論』塩野谷祐一訳、前掲、31〜32ページ）

ケインズの所得決定理論の核心は、投資Iがある水準に与えられると、それに等しい貯蓄Sを生み出すところに所得Yを決定するところにある（簡単なモデルでは、貯蓄性向をsとおくと、$Y=\frac{1}{s}I$となる）。これがなぜ重要かといえば、アダム・スミスからケインズの『一般理論』刊行以前まで、貯蓄Sこそが投資Iをまかなうのであり、投資を増やすには節約（＝貯蓄）に励まなければならないという考え方が正統であったからだ。ケインズは、これを逆転させたわけである。ケインズは、人々がスミス以来の貯蓄観から抜け出すのは至難の業だと考えていたのか、『一般理論』のあちこちで所得決定理論の意義を強調している。例えば、「第4編　投資誘因　第14章　利子率の古典派理論」のなかに次のような文章が出てくる。念のために付け加えると、「古典派」では、投資と貯蓄によって決定されるのは利子率であり、所得決定理論そのものが欠落していることに注意しよう。

「読者は、ここで議論している問題が最も基本的な理論的意義をもつことがらであると同時に、圧倒的な実践的重要性をもつことがらであることを容易に理解するであろう。なぜなら、経済学者の実践的勧告がほとんどつねに基礎としてきた経済学原理は、事実上、他の事情に変化のないかぎり、消費の減少は利子率を引き下げる傾向をもち、投資の増加は利子率を引き上げる傾向をもつと想定していたからである。しかし、もしこれらの二つの数量によって決定されるものが、利子率ではなく、総雇用量であるとすれば、経済体系のメカニズムに対するわれわれの見方は根本的に一変するであろう。もし消費志向の減退が、他の事情に変化のないかぎり、投資を増加させる要因であるとみなされる代わりに、他の事情に変化のないかぎり、雇用を減少させる要因であるとみなされるなら、それはまったく違った観点から眺められることになろう。」(『ケインズ全集第7巻 雇用・利子および貨幣の一般理論』塩野谷祐一訳、前掲、182ページ)

有効需要は国内に限れば投資プラス消費のことだが、消費のほうは所得の安定的な関数だったから、『一般理論』では投資がいかにして決定されるかを考察する部分にケインズらしさが表れることは想像に難くない。ケインズの投資決定論は、簡単にいえば、投資が「資本の限界効率」(予想利潤率)と資金の借入コストを意味する利子率が一致するところまでおこなわれるという、さほど驚くべき内容ではないので、詳細は教科書にゆずるが、実は、ケインズは投資誘因(『一般理論』第4編)と関連した「不確実性」の世界ではそのように「経済合理的」に説明できるものがすべてではないと考えていたと思う。

投資誘因にかかわる「不確実性」とは、ケインズの意味では、「顕著な事実は、われわれが予想収益を推定するさいに依拠しなければならない知識の基礎が極端に当てにならないということ」（『ケインズ全集第7巻 雇用・利子および貨幣の一般理論』塩野谷祐一訳、147ページ）というように、単に数学的期待値が小さいということではなく、「知識の基礎」が脆弱で当てにならないという意味だが、「不確実性」が絡んでくると、投資決定に「投機」の要素が入り込み、完全雇用を達成するには十分な投資量を確保できない状況が生まれやすい。ケインズは、独自の言葉遣いで「投機」を「企業」と対立するものとして説明している。『一般理論』の「第4編　投資誘因　第12章　長期期待の状態」から引用してみよう。

「もし投機（speculation）という言葉を市場の心理を予測する活動に当て、企業（enterprise）という言葉を資産の全存続期間にわたる予想収益を予測する活動に当てることが許されるなら、投機が企業以上に優位を占めるということは必ずしもつねに事実ではない。しかし、投資市場の組織が改善されるにつれて、投機が優位を占める危険は事実増大する。世界における最大の投資市場の一つであるニューヨークにおいては、投機（上述の意味における）の支配力は巨大なものである。金融界の外部においてすら、アメリカ人は平均的意見がなにを平均的意見であると信じているかを発見することに不当に関心を寄せる傾向がある。この国民的な弱点は株式市場の上にその因果応報を現わしている。アメリカ人は、多くのイギリス人が今なおやっているように、『所得のために』投資するということは稀であって、資本の価値騰貴の望みがないかぎり、投資物件をおいそれとは買おうとしないといわれる。このことは次のことを別の言葉で表現したまでのものである。すなわち、アメリカ人は投資物件を買う場合、その予想収益よりもむしろ評価の慣行的基礎の有利な変化に対して望みをかけており、アメリカ人は上述の意味における投機家である、ということがそれである。投機家は、企業の着実な流れに浮かぶ泡沫としてならば、なんの害も与えないであろう。しかし、企業が投機の渦巻のなかの泡沫となると、事態は重大である。一国の資本発展が賭博場の活動の副産物となった場合には、仕事はうまくいきそうにない。新投資を将来収益から見て最も利潤を生む方向に向けることを本来の社会的目的とする機関として眺めた場合、ウォール街の達成した成功の度合は、自由放任の資本主義の顕著な勝利の一つであると主張することはできない——もし私のように、ウォール街の最もすぐれた頭脳は実際にはそれとは異なった目的に向けられてきたと考えることが正しいならば、このことは驚くべきことではない。」（『ケインズ全集第7巻 雇用・利子および貨幣の一般理論』塩野谷祐一訳、前掲、156～157ページ。傍点は引用者）

ケインズにとっての「不確実性」

ケインズの意味における「不確実性」がウォール街の人々を「投機家」のごとく行動させるならば、それは資本の限界効率の激動を通じて企業の実物投資にも甚大な影響を及ぼし、雇用量も激変する可能性がある。『一般理論』が分析の対象にしたのは深刻な不況だが、例えば、「投機家」が市場の心理が悪い方向に動くことを素人筋よりも先取りするようになると、その行動が資本の限界効率を下方シフトさせ、投資量が激減し、したがって雇用量も激減するかもしれないということである。もっとも、投資誘因が不安定であっても、消費性向は安定しているので、雇用量が人々が生活できないほど低い水準に落ちていくことはないだろう。そのことは、前にも触れたように、ケインズも認めていた。ただし、たとえ最低水準の雇用量よりは上であっても、完全雇用よりはかなり低い水準の雇用量が長期間続くことは十分にあり得るだろう。

『一般理論』の「第4編　投資誘因　第12章　長期期待の状態」は、非常に示唆に富む文章にあふれているので、これまでにも多くの人々が引用してきたが、有名な「美人コンテスト」のたとえも、「投機家」がどのような行動をとるのかを実に巧妙に表現したものにほかならない。

「また、比喩を少し変えていえば、玄人筋の行う投資は、投票者が一〇〇枚の写真の中から最も容貌の美しい六人を選び、その選択が投票者全体の平均的な好みに最も近かった者に賞品が与えられるという新聞投票に見立てることができよう。この場合、各投票者は彼自身が最も美しいと思う容貌を選ぶのではなく、他の投票者の好みに最もよく合うと思う容貌を選択しなければならず、しかも投票者のすべてが問題を同じ観点から眺めているのである。ここで問題なのは、自分の最善の判断に照らして真に最も美しい容貌を選ぶことでもなければ、いわんや平均的な意見が最も美しいと本当に考える容貌を選ぶことでもないのである。われわれが、平均的な意見はなにが平均的な意見になると期待しているかを予測することに知恵をしぼる場合、われわれは三次元の領域に到達している。さらに四次元、五次元、それ以上の高次元を実践する人もあると私は信じている。」（『ケインズ全集

第7巻 雇用・利子および貨幣の一般理論』塩野谷祐一訳、前掲、154ページ)

私は前に、ケインズが企業の投資行動は資本の限界効率と利子率の比較考量によって決まるという「経済合理的」な説明をしながらも、それだけでは投資のすべてを捉え切れないと考えていたのではないかと述べたが、投資誘因を左右する「不確実性」の存在こそまさにその根源的要因というべきものだろう。それゆえ、ケインズは、企業家を「不活動」から「活動」へと突き動かすものとしての「血気」(animal spirits)を強調するようになったのではないか。

「投機に基づく不安定性がない場合にも、われわれの積極的な活動の大部分は、数学的期待値――道徳的、快楽的、経済的を問わず――に依存するよりもむしろ、自生的な楽観に依存しているという人間本性の特徴に基づく不安定性が存在する。十分な結果を引き出すためには将来の長期間を要するような、なにか積極的なことをしようとするわれわれの決意のおそらく大部分は、血気――不活動よりもむしろ活動を欲する自生的衝動――の結果としてのみ行われるものであって、数量的確率を乗じた数量的利益の加重平均の結果として行われるものではない。企業は、それ自身の趣意書の叙述がいかに率直で誠実なものだとしても、主としてそれによって動機づけられているかのように装っているにすぎない。企業が将来の利益の正確な計算を基礎とするものでないことは、南極探険の場合とほとんど変わりがない。したがって、もし血気が鈍り、自生的な楽観が挫け、数学的期待値以外にわれわれの頼るべきものがなくなれば、企業は衰え、死滅するであろう。ただし、その場合、損失への恐怖は、さきに利潤への希望がもっていた以上に合理的な基礎をもっているわけではない。」(『ケインズ全集第7巻 雇用・利子および貨幣の一般理論』塩野谷祐一訳、前掲、159~160ページ)

『一般理論』の「第4編 投資誘因 第12章 長期期待の状態」は、相当に人気のある章で、経済学部の学生にも「美人コンテスト」のたとえなどは知られているようである(編集部注:大多数の投資家から人気を集めるであろう銘柄に投資をするという行為が、美人コンテストでの最も票を集めそうな女性に投票する行動に似ているとの見方)。たまにビジネス誌の株取引入門のような特集でケインズが取り上げられることもあるが、そこにもよく登場している。だが、投資決定に伴う「不確実性」だけが『一般理論』のすべてではないので、そこは注意が必要だろう。

流動性選好説

所得決定理論と並んで『一般理論』を支えている柱が、利子率に関する流動性選好説である。流動性選好説は、古典派の利子論と比較しながら検討すると理解が深まるだろう。

古典派の利子論とは、繰り返すまでもなく、投資と貯蓄によって決まる利子率決定理論のことである。縦軸に利子率、横軸に投資や貯蓄を測った図では、投資は利子率が低ければ増加し、利子率が高くなれば減少するので、右下がりに描かれる。逆に、貯蓄は利子率が低ければ減少し、利子率が高ければ増加するので、右上がりに描かれる。それゆえ、利子率は、投資曲線と貯蓄曲線の交点によって決定されるというわけである。

ケインズは、『一般理論』の「第4編　投資誘因　第14章　利子率の古典派理論」において、この学説を詳しく検討しているが、書いてある内容は、所得決定理論をすでに知っているならば、それほど難解ではない。かいつまんで説明しよう。古典派の利子論では、利子率が均衡水準よりも低下すれば、投資が貯蓄を超えて増加するが、やがて貯蓄不足から利子率が上昇し、均衡水準に戻ることになる。

しかし、ケインズの所得決定理論によれば、投資の増加は所得の増加をもたらすので、増加した所得からなされる貯蓄も同じだけ増加し、利子率は変化しないのである（もう少し正確に言うと、投資はそれに等しいだけの貯蓄をもたらすところに所得を決めるのであり、利子率を決める要因は別に探さなければならないということである）。ケインズは、次のように言っている。

「実のところ、古典派理論は所得水準の変化の重要性や、所得水準が実際に投資量の関数であるという可能性について注意していなかったのである。」（『ケインズ全集第7巻 雇用・利子および貨幣の一般理論』塩野谷祐一訳、前掲、178ページ）

雇用と利子率の関係

だが、ここにきわめて微妙な問題が生じうる。すなわち、もし古典派の利子論が所得の変化を考慮していないという欠陥があるとしたら、完全雇用が実現し、所得の変化が生じないようになれば（完全雇用以後は、有効需要が増えても「実質」所得は変化せず、「名目」所得が増えるのみ——すなわち、インフレーションの発生——である）、古典派の利子論は復権するのだろうかと。

実は、ケインズの弟子たちのあいだでも、この問題に関しては意見が割れている。オックスフォード出身ながらケンブリッジでケインズに学んだロイ・F・ハロッドは、完全雇用が実現して所得の変化がなくなれば、古典派の利子論が復権すると解釈している。ということは、流動性選好説は、完全雇用が実現しないときに妥当する理論であるということだ。この問題は重要なので、すぐあとに立ち返るつもりだが、その前に、ケインズがなぜ流動性選好説を持ち出したのかを理解しておかねばならない。

古典派の利子論は、ケインズによれば、「貯蓄」――彼はところどころ「待忍」(waiting)という古風な言葉を使っている――するという行為そのものに対して「利子」が支払われると考えたところに誤謬の源泉があった。私たちは所得を得たとき、第一に、そのうちどれだけを消費のために使い、その残りを貯蓄するかという意思決定をしなければならない。古典派は、この段階の意思決定(ここでもケインズは「時間選好」という専門用語を使っている)しか見なかったがゆえに、利子を「貯蓄」に対する報酬として捉えてしまった。だが、第二に、実は、単に「貯蓄」しただけではタンス預金と同じで利子は付かず、「貯蓄」したものを「他人に貸し付ける」(=「債権をもつ」)という意思決定をしたときにのみ利子が発生する、というのである。
ケインズは、『一般理論』の「第4編　投資誘因　第13章　利子率の一般理論」のなかで、次のように述べている。

「利子率が貯蓄あるいは待忍（waiting）そのものに対する報酬ではありえないということは明らかなはずである。なぜなら、もし人が彼の貯蓄を現金で保蔵するならば、以前と同じ額だけ貯蓄しても、彼はなんら利子を稼ぐことはできないからである。これに反して、利子率の定義そのものが多くの言葉をもってわれわれに教えているところによると、利子率は特定期間流動性を手離すことに対する報酬である。なぜなら、利子率はそれ自身、一定貨幣額と、その貨幣に対する支配力を債権（debts）と交換に特定期間手離す対価として獲得される額との間の、逆比率にほかならないからである。」（『ケインズ全集第7巻 雇用・利子および貨幣の一般理論』塩野谷祐一訳、前掲、165ページ。傍点は引用者）

利子は「貯蓄」という行為に支払われる？

このような思考法は、「貯蓄」という行為そのものに利子が支払われるという古典派理論とは相容れないはずだが、それにもかかわらず、ハロッドが完全雇用に至れば古典派理論が復権するという解釈したのには理由があるとみるべきだろう。その証拠に、ケインズの『一般理論』のなかにも、そのような解釈を許してしまうような「痕跡」が残っているのである。

例えば、『一般理論』より前のケインズの著書に、いまでも金融論の専門家には高く評価されている『貨幣論』全2巻（1930年）という大作がある。ケインズは、『貨幣論』では、スウェーデンの経済学者クヌート・ヴィクセル（1851〜1926年）に倣って、投資と貯蓄を均等させる利子率を「自然利子率」と呼んでいるが、これが古典派の利子論で決まる利子率に相当することは明白だろう。ケインズは、この「自然利子率」と、銀行組織が設定する「市場利子率」とを区別したのだが、『一般理論』になると、投資と貯蓄は所得決定理論のなかに組み込まれたので、「自然利子率」という概念は消えてしまった。しかし、ハロッドは、『一般理論』の草稿段階からある一節に注目し、完全雇用と両立する「自然利子率」に相当するものが触れられていると主張した。ある一節とは、「第4編　投資誘因　第17章　利子と貨幣の基本的性質」のなかに出てくる以下のような文章である。

「私は『貨幣論』において唯一の利子率とでもいうべきものを定義して、それを自然利子率と呼んだ——それは『貨幣論』の定義によれば、貯蓄額（そこで定義された意味での）と投資額との均等を維持する利子率であった。私は、これがヴィクセルの『自然利子率』の発展であり明確化であると考えていた。それは、彼によれば、ある物価水準——これはあまり明確に規定されていないが——の安定を維持する利子率であった。

しかし私は、どんな社会においても、この定義によれば、仮説的な各雇用水準に対して、一つの異なった自然利子率が存在するという事実を見逃していた。そして、同じように、各利子率に対して、その利子率が『自然』利子率となるような一つの雇用水準が存在する——経済体系がその利子率とその雇用水準のもとで均衡するという意味において——という事実を見逃していた。したがって、唯一の自然利子率について語ったり、以上の定義が、雇用水準にはかかわりなく、唯一の利子率の値を与えるものであると示唆したりすることは誤りであった。私は当時、ある状態においては、経済体系が完全雇用以下の水準のもとで均衡しうるということを理解していなかったのである。

私は現在では、以前きわめて有望な考えであるように見えた『自然』利子率の概念が、われわれの分析に対してなんらかのきわめて有益な、重要な貢献をするものとはもはや考えていない。それは、単に現状を維持する利子率にすぎないのであって、一般に、われわれは現状そのものには主たる関心をもってはいない。

もし唯一の重要な利子率が存在するとすれば、それは中立利子率と呼びうる利子率でなければならず、それは、経済体系の他のパラメーターを一定とした場合、完全雇用と両立する上述の意味での自然利子率である。もっとも、この利子率はおそらく最適利子率といった方がよいかもしれない。

中立利子率は、いっそう厳密には、産出量と雇用が全体としての雇用の弾力性をゼロにするようなものである場合に、均衡において成立する利子率であると定義することができる。」（『ケインズ全集第7巻 雇用・利子および貨幣の一般理論』塩野谷祐一訳、前掲、240～241ページ）

ハロッドが注目したのは、ここで「中立利子率」とか「最適利子率」と呼ばれているものだが、彼は、ケインズは、事実上、完全雇用では投資と貯蓄によって決定される古典派の利子論を認めているではないかと反論したのである。

だが、ここで、『一般理論』において完全雇用がいかなるときに実現されると考えられていたのかを振り返る必要があるように思われる。ケインズは、前にも触れたように、完全雇用は、よほどの好条件に恵まれない限り実現せず、極端に低くはないけれども「完全」というにはほど遠い雇用水準が長期にわたって続くという基本的な認識をもっていた。換言すれば、「不完全雇用」が「一般的」であり、「完全雇用」のほうこそ「特殊的」なのだ。それゆえ、『一般理論』のなかに完全雇用と両立する利子率についての記述があったとしても、流動性選好説の意義を過小評価あるいは相対化し過ぎるのは、ケインズの意図から離れると思う。

読者を驚かせるケインズ

そうでなくとも、ケインズは、ときどき極端な例を持ち出して、読者にショックを与えるのを内心楽しんでいるような癖があった。

流動性選好説は、「流動性」(交換の容易性や価値の安定性などの属性の総称)に対する需要と供給の関係で利子率が決まるという学説だが、「流動性」が最も高いのは貨幣なので、初歩的な説明では、利子率が貨幣に対する需要と供給で決まると言い換えても許されるだろう。貨幣に対する需要は、所得の関数であるL_1(取引動機と予備的動機に基づく貨幣需要）と、利子率の関数であるL_2（投機的動機に基づく貨幣需要）の合計だが、他方、貨幣の供給は中央銀行の政策によって決まる定数である（定数なので、Ｍの上にバーを引く）。

この辺は、マクロ経済学の教科書を復習してほしいが、形式的には、流動性選好説は、$\overline{M} = L_1(Y) + L_2(r)$、と表現することができる。縦軸に利子率、横軸に貨幣量をとれば、流動性選好表は右下がりに描かれる一方で、貨幣供給量は定数なので横軸に垂直に描かれる。利子率は、両者の交点で決定されるわけだ。

ここまではよいのだが、ケインズは、利子率がかなり低くなって下限に近づいているケース（当時は２～３％の水準）を考察している。利子率が下限に近づけば、ケインズによれば、将来もっと利子率が下がる（同じことだが、債権価格が上がる）と予想するよりは、利子率は上がっていく（債権価格が下がっていく）という予想のほうが圧倒的に優勢になる。つまり、流動性選好表が利子率の下限水準で水平になるということだ。そこまでくれば、中央銀行が貨幣量を増やすような政策を採っても、利子率はそれ以上下がらない。これが、いわゆる「流動性の罠」と呼ばれる現象である。

だが、ケインズは、現状がすでに「流動性の罠」に陥っているとは決して考えておらず、利子率をもっと下げるような中央銀行の政策（例えば、長期国債を購入して金融市場への貨幣供給を増やすことなど）を支持していた。それにもかかわらず、のちに、『一般理論』への批判として、ケインズは「流動性の罠」を典型的なケースと考えたために、金融政策は有効ではなく財政政策のみを頼みとしたという誤解が広まることになった。ところが、『一般理論』の「第4編　投資誘因　第15章　流動性への心理的および営業的誘引」には、「流動性の罠」の「理論的」可能性を指摘しながらも、「実際には」これまでそんな現象は起こっていないと書いてあるのだ（日本や欧米がそのような状況になったのは、ごく最近のことである）。

「……利子率がある水準にまで低下した後では、ほとんどすべての人が、きわめて低い率の利子しか生まない債権を保有するよりも現金の方を選好するという意味において、流動性選好が事実上絶対的となる可能性がある。この場合には、貨幣当局は利子率に対する効果的な支配力を失っているであろう。しかし、この極限的な場合は将来実際に重要になるかもしれないが、現在までのところでは私はその例を知らない。」（『ケインズ全集第7巻　雇用・利子および貨幣の一般理論』塩野谷祐一訳、前掲、204ページ、傍点は引用者によ

る）

物価と貨幣供給量の関係

似たような例を、いわゆる「貨幣数量説」（貨幣供給量の増加は、一時的には雇用量や産出量に影響を及ぼすことはあるが、長期的にはすべて物価の上昇につながるという学説）に対するケインズの見解にみることができるかもしれない。

『一般理論』の体系を忠実に追っていけば、ケインズが貨幣供給量と物価のあいだの単純な比例関係を否定したことは明白である。貨幣供給量の増加は、まず、流動性選好との関係で利子率の変化に現れる。貨幣供給量の増加は、「流動性の罠」に陥っていない限り、利子率を引き下げる効果をもつだろう。次に、利子率が低下したとき、投資が増えるかどうかは、資本の限界効率表の動きによる。資本の限界効率表が安定的であれば、利子率の低下は投資の増加をもたらすだろう。しかし、将来に対する「不確実性」が強い場合には、資本の限界効率表が下方シフトし、投資が増えないどころか、極端な場合、減る場合もあり得ることを忘れてはならない。最後に、投資が増加したとき、所得がどれだけ増加するかは、貯蓄性向にかかっている。この最後の段階で、物価にどのような影響を及ぼすかは、そのときの経済の状況如何であり、機械的には決まらない。不況が続き、生産設備が遊休している場合は、有効需要の増加は、ほとんど雇用量や産出量の増加となって現れるので、物価にはほとんど影響を与えない。だが、経済が完全雇用に近づくにつれて、有効需要の増加は、一部は雇用量や産出量の増加に、もう一部は物価の増加に現れてくるだろう。要するに、貨幣量と物価のあいだに機械的な比例関係はないのである。

このように言うと、完全雇用ならばもう実質所得が増える余地のないほど雇用量も産出量も高い水準にあるのだから、貨幣数量説が成り立つのではないかと反論される可能性がある。だが、何度も触れてきたように、ケインズによれば、完全雇用はよほどの好条件が重ならない限り実現しないので、貨幣数量説が成り立つ世界を「一般的」とはとても言えないと考えるほうがケインズ理解としては自然である。その証拠に、『一般理論』の「第5編　貨幣賃金と物価　第21章　物価の理論」には、「貨幣数量説の一般化された表現」という数式が出てくるのだが、言わんとすることは、貨幣数量説が特別な場合にしか成り立たないということなのである。ケインズは、ケンブリッジ大学で数学を専攻したものの、現実とは関係のない数式の機械的な操作自体にはほとんど関心をもっていなかった。少し長いが、同じ章のなかで、ケインズは次のように非常に重要な「経済学の思考法」について述べている。

「たとえば、有効需要の増加の効果が産出量と物価の上昇とに分かれる割合は、貨幣量が有効需要量と関係する仕方に影響を与えることがある。あるいはまた、異なった生産要素の報酬が変化する割合が違えば、貨幣量と有効需要量との間の関係に影響が生ずるかもしれない。われわれの分析の目的は、間違いのない答を出してくれる機械、あるいは盲目的操作の方法を提供することではなく、個々の問題を考察するための組織化された秩序立った方法を用意することであって、錯綜要因を順次に遊離化することによって一応の結論に到達した後は、われわれは改めて熟慮をめぐらし、できるかぎりよく要因間の相互作用の可能性を考慮しなければならない。これが経済学的思考の性質である。われわれの形式的な思考原理（しかし、これなしには、われわれは森の中で道に迷ってしまうであろう）をこれ以外の方法によって適用するやり方は、われわれを誤謬に導くであろう。……経済分析の体系を形式化する記号的、擬似数学的方法の大きな欠点は、それが問題となっている要因間の厳密な独立性を明白に仮定しているが、ひとたびこの仮説が認められなくなった場合には、説得力と権威をまったく失うという点にある。ところが、日常的な議論においては、われわれは盲目的な操作をするのではなく、われわれがなにをしており、用語がなにを意味するかを終始わきまえているから、必要な保留や条件や、後になって加えなければならない修正を『われわれの頭の片隅に』置いておくことができる。それと同じ仕方で、われわれは、偏微分はすべてゼロであると仮定している代数の数ページの『紙背に』、複雑な偏微分を置いておくことはできない。最近の『数理』経済学のあまりにも多くの部分は、それが立脚している最初の想定と同じように不正確な、単なるつくり事であって、著者はもったいぶった、役に立たない記号の迷宮の中で、ともすれば現実世界の錯綜関係と相互依存関係を見失ってしまうのである。」(『ケインズ全集第7巻 雇用・利子および貨幣の一般理論』塩野谷祐一訳、前掲、296〜297ページ。傍点は引用者)

愛弟子も理解していない!?

確かに、『一般理論』に実際に書かれていることは、しばしば曖昧であり、愛弟子でさえその理論を正確に理解しているとは限らないというのが本当のところである。ケインズの真意を探るには、『一般理論』が公刊される前の草稿、公刊された後の原稿、等々を渉猟しながら、ある程度「想像力」を働かせることも必要である。ケインズほどの一筋縄ではいかない天才の「心の内」は、そうでもしなければ垣間見ることさえできないのではないだろうか。これは長年ケインズを読んできた研究者の実感である。

『一般理論』が、現代マクロ経済学の常識とは違って、決して「短期」理論ではなく、明らかに「長期」を意識した理論であるという解釈も、『一般理論』を読んだだけではわかりにくい。だが、そのような問題意識は、『一般理論』の行間にも滲み出ているし、『一般理論』公刊前後に書かれた文章のなかにもヒントはいくつもある。

ケインズは、完全雇用になれば所得の変化はないので、古典派の利子論が復権するとか、貨幣数量説が復活するとか、決してそのように考えていなかったと思う。現代マクロ経済学では、「貨幣の中立性命題」は「短期」では成り立たないが、「長期」では妥当すると教えている。「貨幣の中立性」とは、貨幣供給量の増加が物価の上昇をもたらす効果をもつのみという意味だから、表現を変えれば、完全雇用のもとで貨幣数量説が成り立つということである。

だが、私には、ケインズが、『貨幣論』から『一般理論』へと思想を進化させるどこかの時点で（いまだ『一般理論』の体系が明確に出来上がっていないとき、と言ってもよい）、「貨幣の中立性命題」が長期的にも成り立たないということを直観的に把握したように思える。例えば、『ケインズ全集』第29巻のなかに収録されている短い文章（１９３２年11月14日の講義のために準備された断片的覚書のようなものである）のなかで、ケインズはこんなことを言っている。

「私見では、貨幣当局が採用する政策の特徴とは関係なしに等しく成り立つ唯一の長期均衡位置は存在しない。それどころか、このような位置は政策の違いに対応してたくさんある。さらに、長期均衡の諸位置が最適産出量の位置となる固有の傾向やその可能性があると考える根拠はない。最適産出量の長期位置は貨幣当局側の特定の政策に対応する特殊ケースなのである。」（『ケインズ全集第29巻　一般理論とその後　第13巻および第14巻への補遺』柿原和夫訳、東洋経済新報社、２０１９年、75～76ページ）

この文章は、『貨幣論』から『一般理論』へとケインズの思想が発展していく、まさに過渡期に書かれているので過大評価は禁物だが、彼が１９２０年代から長期的かつ構造的な失業問題に取り組んでいた事実と考えあわせると、『一般理論』が「短期の経済学」ではないという私たちの問題意識とも共鳴し合うように思われる。*5

貨幣の三つの性質

ケインズが「長期」においても「貨幣の中立性命題」が成り立たない理由として注目しているのは、『一般理論』の「第4編　投資誘因　第17章　利子と貨幣の基本的性質」で展開された「貨幣」のもつ三つの性質である（現代の「ポスト・ケインジアン」の一部、例えばポール・デヴィッドソンはこの章をケインズの「貨幣的経済理論」の本質があらわれたものとして高く評価している）。ケインズがその章のなかで考察しているのは、「貨幣」が他の財と比較してどのような性質をもち、それが経済体系全体にどのような影響を及ぼすのか、ということである。

ケインズが指摘した第一の性質は、「貨幣が長期においても短期においても、貨幣当局ではなくて私的企業の活動を問題とするかぎり、ゼロあるいはともかくきわめて小さい生産の弾力性をもっている」ということである（『ケインズ全集第7巻 雇用・利子および貨幣の一般理論』塩野谷祐一訳、前掲、228ページ）。これを「生産の弾力性がほとんどゼロ」というふうに表現している。つまり、他の財であれば、民間企業が労働者を雇用してその財の生産を増やすことができるのだが、「貨幣」の場合、（貨幣当局ではなく）民間企業が労働者を雇用して「貨幣」の増産をするということはできないということだ。

第二の性質は、「代替の弾力性がゼロであるか、あるいはほぼゼロに等しいということ」、すなわち、「貨幣の交換価値が上昇しても、他のなんらかの要素がそれに代わって用いられるという傾向が存在しないこと」である（『ケインズ全集第7巻 雇用・利子および貨幣の一般理論』塩野谷祐一訳、前掲、229ページ）。ふつうの財であれば、例えばA財の価格がB財の価格と比較して低下すれば、「代替効果」が働き（「所得効果」によって相殺されないかぎり）、需要はB財からA財のほうへ移っていく。だが、「貨幣」は「代替の弾力性がほとんどゼロ」という性質をもっているので、たとえ「貨幣」の交換価値が増加しても、需要は「貨幣」から他の財へと移ってはいかないというのだ。

第三の性質は、「貨幣」の持越費用が無視しうるほど低いということである。「貨幣」以外の財の場合、その財を保有している時間の長さに応じて、在庫の保管料や損耗の可能性を考慮した費用を負担しなければならない。「貨幣」の場合、そのような心配はほぼ要らないということだ。この関連で、ケインズは、付随的ながら、興味深いことを言っている。

「しかし、貨幣の場合には、すでに見たように、――数多くの理由、すなわち公衆の評価において貨幣がとりわけ『流動的』なものとなる数多くの理由のために――このようなことはない。したがって、法貨たる通貨が貨幣としての性質を保持するためには、定期的に規定の費用を支払ってそれにスタンプを押さなければならないという方策やそれに類した方法で、貨幣に人為的な持越費用をつくり出すことによって救済策を求めようとする改革論者たちは、正しい軌道に乗っていたのであって、彼らの提案の実践的価値は考慮に値する。」(『ケインズ全集第7巻 雇用・利子および貨幣の一般理論』塩野谷祐一訳、前掲、232ページ)

シルヴィオ・ゲゼル(1862〜1930年)の名前と結びついた「スタンプ付き貨幣」の話は、『一般理論』のなかに何度か登場するが、もちろん、ケインズはゲゼルを「経済学者」として高く評価しているわけではないだろう。ただ、「貨幣」には持越費用がほとんどゼロという性質があり、それをプラスにするにはゲゼルのようなユニークな発想もあったということを紹介しているに過ぎない。ケインズは、ときにこのような「道草」をして、不注意な読者の頭を混乱させるので注意が必要である。

失業の原因は「貨幣愛」にあり

本題に戻ろう。ケインズの関心は、「貨幣」がもつ三つの性質が経済体系にどのような影響を及ぼすのかを見極めることだが、答えは、それらの性質から比較的容易に導き出される。第17章のなかで最も印象的なのが次の文章である。

「いって見れば、人々が月を欲するために失業が生ずるのである。——欲求の対象（すなわち、貨幣）が生産することのできないものであって、それに対する需要も簡単に抑制することができない場合には、人々を雇用することはできないのである。救済の途は、公衆に生チーズが実際には月と同じものであることを説得し、生チーズ工場（すなわち、中央銀行）を国家の管理のもとにおくよりほかにはないのである。」（『ケインズ全集第7巻 雇用・利子および貨幣の一般理論』塩野谷祐一訳、前掲、234ページ）

すなわち、失業の究極的原因は人々の「貨幣愛」にある、というのだ。「貨幣愛」とはケインズがよく使った言葉だが、すでに見てきたように、「貨幣の中立性命題」が「短期」でも「長期」でも成り立たないとすれば、失業も、「古典派」が説くのと違って、時間が長く経過すれば自然に「長期均衡」において消滅するというようなものではないということになる。それゆえ、失業をなくすには、政府が有効需要を増加させる政策（第2章で詳述した産業政策を含めて、消費性向や投資誘因に働きかける財政・金融政策など）を積極的に採用しなければならない。

ところが、ケインズは、『一般理論』の「第6編　一般理論の示唆する若干の覚書　第24章　一般理論の導く社会哲学に関する結論的覚書」（すなわち、最終章）において、「古典派」への「妥協」とも受けとれる文章を記したので、のちにケインズ研究者のあいだで解釈上の混乱が生じるようになった。どのような文章なのか。二つの例を挙げてみよう。

「一般に受け入れられている古典派経済理論に対するわれわれの批判は、その分析における論理的な欠陥を見出すことではなく、その暗黙の想定がほとんどあるいはまったく満たされていないために、古典派理論は現実世界の経済問題を解決することができないということを指摘することであった。しかし、もしわれわれの中央統制によって、できるかぎり完全雇用に近い状態に対応する総産出量を実現することに成功するなら、古典派理論はその点以後再びその本領を発揮するようになる。もしわれわれが産出量は所与であり、すなわち古典派の思考体系の外部の力によって決定されると仮定するなら、なにが個々に生産されるか、それを生産するために生産要素がどのような割合で結合されるか、そして最終生産物の価値は生産要素の間にどのように分配されるかといった問題が、個人の利己心を通じて決定される仕方についての古典派の分析に対しては、異議を唱えるべきことはない。また、もしわれわれが倹約の問題を違った仕方で処理しておくなら、完全競争および不完全競争のそれぞれの状態における個人の利益と公共の利益との間の一致・不一致に関する現代古典派理論に対しても、異議を唱えるべきことはない。したがって、消費性向と投資誘因との間の調整を図るための中央統制の必要を別とすれば、経済生活を社会化すべき理由はこれまで以上には存在しないのである。」(『ケインズ全集第7巻 雇用・利子および貨幣の一般理論』塩野谷祐一訳、前掲、381ページ)

「したがって、消費性向と投資誘因とを相互に調整する仕事にともなう政府機能の拡張は、一九世紀の評論家や現代のアメリカの銀行家にとっては個人主義に対する恐るべき侵害のように見えるかもしれないが、私は逆に、それは現在の経済様式の全面的な崩壊を回避する唯一の実行可能な手段であると同時に、個人の創意を効果的に機能させる条件であるとして擁護したい。……

今日の独裁主義的な国家組織は、効率と自由を犠牲にして失業問題を解決しようとしているように見える。短い好況の時期を除けば、今日の資本主義的個人主義と結びついている——私の考えでは、その結びつきは不可避的である——失業に、世界が遠からず我慢できなくなることはたしかである。しかし、効率と自由を保持しながら病弊を治療することは、問題の正しい分析によって可能となるであろう。」(『ケインズ全集第7巻 雇用・利子および貨幣の一般理論』塩野谷祐一訳、前掲、383〜384ページ)

完全雇用は難しい

第一の例は、文字通りに読めば、「有効需要の原理」に基づいて政府が消費性向と投資誘因を調整し、完全雇用に対応する総産出量を達成することに成功した暁には、「古典派」の経済理論が復権すると書いてある。第二次世界大戦後、アメリカで主流になっていく「新古典派総合」の指導者たち(ポール・A・サムエルソンの名前がとくに有名である)が注目したのはまさにこの文章であり、彼らによれば、ケインズは「有効需要の原理」を核にしたマクロ経済学と、市場機構がどのように資源配分をおこなうのかを精密に分析した「ミクロ経済学」の「平和共存」を説いていたというのである。『一般理論』をこのように「新古典派総合」的に解釈する見方は、一時期、サムエルソンの影響力も手伝って、世界的にも「定説」であったといっても過言ではない。

だが、ケインズは、すでに何度も述べてきたように、完全雇用が「短期」でも「長期」でもそう簡単に達成されるとは決して考えていなかった。それゆえ、「古典派」の経済理論が復権する日がそうやすやすと訪れるとは考えにくい。この文章は、やはり以前から指摘されてきたように、ケインズが自分の「革命的」理論が受け容れられやすいように守旧派に配慮したものと考えたほうがよいのではないだろうか。

このように言うのは、第二の例と照らし合わせると、わかりやすくなる。ケインズは、「古典派」への叛逆が、自由主義の否定と誤って理解されることを警戒していた。この点において、『一般理論』の含意は「適度に保守的」（最終章に出てくる言葉）であり、完全雇用の実現を目指す総需要管理が決して当時のドイツのような全体主義的国家統制を意味するものではないということを強調したかったのである。ケインズは、むしろ総需要管理を通じてある程度高い雇用量を確保することによってこそ、社会不安を鎮め、個人の選択の自由や多様性などを尊重してきた、アダム・スミス以来のイギリス経済学の伝統を活かせるような環境が整うのだと言いたかったのである。
だが、ケインズは、そこに至る道は平坦ではなく、むしろきわめて険しいものと考えていたのではないか。そうだからこそ、ケインズは、数十年後に実現される自分の世界の到来を見越しながら、『一般理論』を次のようにむすんだのではないか。私にはそう思えてならない。

「……経済学者や政治哲学者の思想は、それが正しい場合にも間違っている場合にも、一般に考えられているよりもはるかに強力である。事実、世界を支配するものはそれ以外にはないのである。どのような知的影響とも無縁であるとみずから信じている実際家たちも、過去のある経済学者の奴隷であるのが普通である。権力の座にあって天声を聞くと称する狂人たちも、数年前のある三文学者から彼らの気違いじみた考えを引き出しているのである。私は、既得権益の力は思想の漸次的な浸透に比べて著しく誇張されていると思う。もちろん、思想の浸透はただちにではなく、ある時間をおいた後に行われるものである。なぜなら、経済哲学および政治哲学の分野では、二五歳ないし三〇歳以後になって新しい理論の影響を受ける人は多くはなく、したがって官僚や政治家やさらには煽動家でさえも、現在の事態に適用する思想はおそらく最新のものではないからである。しかし、遅かれ早かれ、良かれ悪しかれ危険なものは、既得権益ではなくて思想である。」(『ケインズ全集第7巻 雇用・利子および貨幣の一般理論』塩野谷祐一訳、前掲、386ページ)

＊1 私の世代では、宮崎義一・伊東光晴共著『コンメンタール ケインズ一般理論』(日本評論社、1964年)と、宇沢弘文『ケインズ「一般理論」を読む』(岩波セミナーブックス、1984年)がよく読まれていた。この2冊以外にも、数え切れないほどの本が出ている。

＊2 John Eatwell and Murray Milgate, eds., *Keynes' Economics and the Theory of Value and Distribution*, Duckworth, 1983.

＊3 例えば、宮崎・伊東共著『コンメンタール ケインズ一般理論』、前掲、第4講。総供給曲線が右上がりになっているのは、『一般理論』において収穫逓減の法則が仮定されているからだが、詳細は同書を参照してほしい。微分の初歩の知識があれば読めるようになっている。

＊4 バーナード・コリー「ケインズの経済学 経済理論の革命か経済政策の革命か」、R・D・コリソン・ブラック編著『経済思想と現代 スミスからケインズまで』田中敏弘監訳(日本経済評論社、1988年)所収、290ページ。

＊5 ケインズは、この文章のなかで、次のようにも言っている。ここで、「準地代の予想」とは、

『一般理論』の用語では「資本の限界効率」、「時間選考の状態」とは「消費性向」や「貯蓄性向」にかかわるものである。

「一般化された長期理論は伝統理論よりもずいぶん複雑であり、伝統理論は諸事例のうちの一部類に当てはまるとみるのが最善であること。また、流動性選好を表現するものとしての利子率、準地代の予想（expectation）、および、所得水準およびその分配と支出性向との関係を表現する時間選好の状態を、三つの互いに異なる別々の概念として明確に区別することが、短期理論にとってと同じく、満足のゆく長期理論にとっても重要であることである。」（『ケインズ全集第29巻 一般理論とその後 第13巻および第14巻への補遺』柿原和夫訳、東洋経済新報社、2019年、77ページ、傍点は原本ママ）

第4章 「ケインズ以後」からみたケインズ

「ケインズ以後」の経済学者

この章では、「ケインズ以後」の経済学者たちの仕事を検討することを通じて、逆にケインズ自身の経済思想や経済理論の特徴をあぶり出すことを狙いたい。ケンブリッジ大学におけるケインズの弟子たちの多くは、ジョーン・ロビンソンに代表されるように、現在では「ポスト・ケインジアン」（サムエルソンの「新古典派総合」に反対し、ケインズ独自の経済思想を発展させようとした。英語では、Post Keynesian とPが大文字で書かれる場合が多い）と呼ばれる立場をとるようになった。

それに対して、オックスフォード出身でケインズの弟子になったロイ・F・ハロッドは、ふつうは「ポスト・ケインジアン」とは呼ばない。だが、ハロッドも、「ケインズ以後」の経済学者の一人（a post-Keynesian）であることには変わりがない。余談だが、ケインズ革命以後、英語でも日本語でも「ケインズ以後の経済学」というタイトルの本が増えたのだが、その頃は、いまだ「ポスト・ケインズ派経済学」が形成されていなかったので、「ポスト・ケインジアン」という言葉も現在の意味では使われていなかったのである。したがって、例えば1940年代や50年代の海外文献に“post-Keynesian”という言葉が出てきたとしても、それは現在の「ポスト・ケインジアン」のことではなく、単に「ケインズ以後」を指すと考えたほうがよいと思う。

前置きはこれくらいにして、さっそく、「ケインズ以後」の経済学者の一番目にハロッドに登場してもらうことにしよう。ただし、急いで付け加えるが、ハロッドにせよ、後に登場する人物にせよ、ケインズの『一般理論』公刊以前に経済学の仕事をしていなかったわけではなく、あくまで「ケインズ革命」以後に焦点に合わせるためであることをことわっておきたい。

ハロッドは、基本的に、「短期の想定」を置いている『一般理論』を「静学的」であると捉えている。より正確には、「マクロ静学」と呼んでいるが、これは自分独自の業績である「マクロ動学」との対比を明確にするためである。彼のケインズ解釈は通説にも通じているので、議論の出発点とするために、ここに紹介しておこう。

「ケインズの業績に進みましょう。古典派経済学は、様々な用途への生産財の配分について、また、個々の財の均衡価格（前に触れた「根本命題」）については、非常に優れておりました。しかし、何が経済を最適レベルで機能させた（或いは、機能させなかった）かについては、あまり優れておりませんでした。市場価格は、多少の摩擦はあっても、完全雇用の維持を保証するという一般的前提がありました。これが、ケインズの主要業績の領域でした。彼は、大量失業を残したままで均衡が達成されることがある、と主張しました。彼は、様々な商品に対する個々の需要というレベルとは違う、総需要のレベルを支配する諸因子を様々の見地から吟味いたしました。こうして、彼は、後にマクロ静学と呼ばれるに至ったものの父となりました。……

マクロ静学は、長い間、大きく浮び上っておりましたが、その意味は一時的なものになるであろうと私は確信しています。その完成というのは、橋のようなもの、経済動学の発展に絶対に必要な橋のようなものと見るべきです。」（『社会科学とは何か』清水幾太郎訳、岩波新書、１９７５年、130〜131ページ）

ケインズのマクロ静学とハロッドのマクロ動学

ハロッドは、ケインズの「マクロ静学」を超えて、みずから「マクロ動学」への扉を開いたという自負を抱いていたのだが、「マクロ動学」とは、平たく言えば、「短期の想定」を外し（ということは、資本設備や人口や技術が変化するということだ）、たんにケインズが問題にした所得の水準ではなく、所得の増加率（「成長率」というほうがピンとくるかもしれないが）についての何らかの命題を定式化することに他ならない。ハロッドは、それを「保証成長率」と「現実成長率」の乖離がもたらす「不安定性原理」として提示したが、こういうだけではわからないだろうから、一つずつ説明していこう。[*1]

①「保証成長率」G_w

意図された貯蓄量Sは、社会の所得水準Yと貯蓄性向sによって決定される。すなわち、$S=sY$。他方、ΔYだけの所得の増加を支えるのに必要な資本量Kの増加ΔK（$=$投資I）を「必要資本係数」（C_r）と呼ぶと（すなわち、$C_r=I/\Delta Y$）、この定義からすぐ、$I=C_r\Delta Y$、となる。

新資本財に対する需要と供給の均衡条件は、$C_r\Delta Y=sY$、だから、これを整理すると、$\left(\frac{\Delta Y}{Y}\right)\times C_r=s$、となる。このときの$\frac{\Delta Y}{Y}$は、産出量に対する需要と供給が一致し、投資が企業家にとって適切な水準にあるので、ハロッドによって「保証成長率」（G_w）と名づけられた。こうして、第一の基本方程式、

$$G_w C_r = s \quad (1)$$

が得られる。

②「現実成長率」G

だが、保証成長率がつねに実現されるとは限らない。いま、現実の所得の増加$\Delta Y'$に対する現実の投資量Iとの比（$I/\Delta Y'$）を「現実資本係数」（C）とすると、この定義から、$I=C\Delta Y'$、となる。事後的には、投資と貯蓄はつねに等しいので、$C\Delta Y'=sY'$ したがって、$\left(\frac{\Delta Y'}{Y'}\right)\times C=s$、となる。ハロッドは、このときの$\frac{\Delta Y'}{Y}$を「現実成長率」（G）と名づけた。

こうして、第二の基本方程式、

$$GC=s \quad (2)$$

が得られる。

③「不安定性原理」

ハロッドは、保証成長率G_Wと現実成長率Gの比較から、いわゆる「不安定性原理」を導き出していく。これが、ハロッドの経済学における最も独創的な業績だが、名前からも予想されるように、その特徴は、「マクロ動学」の「均衡」に相当する保証成長率がきわめて不安定であることを主張するところにある。

いま、GがG_Wよりも大きい場合（$G>G_W$）を考えてみよう。このとき、（1）式と（2）式から、$C<C_r$となるが、これは現実に所得が増えたとき、その生産に必要とされる資本量の増加が、現実の資本量の増加よりも大きい（すなわち、資本ストックの不足）を意味しているので、企業家はこのような資本ストックの不足を解消するために投資をさらに増加させるだろう。それゆえ、Gはますます大きくなり、G_Wよりいっそう上方に乖離していく。

逆に、GがG_Wよりも小さい場合（$G<G_W$）を考えてみよう。このときは、（1）式と（2）式から、$C>C_r$となるが、これは資本ストックの過剰を意味しているので、企業家は投資を減少させようとするだろう。それゆえ、Gはますます小さくなり、G_Wよりもいっそう下方に乖離していく。

ハロッドは、このように、マクロ動学の均衡が、いったんそこから乖離すると、自己累積的な遠心力が働いて、ますますそこから乖離していくという不安定なものであることを論証した。これを「不安定性原理」と呼んでいる。

ケインズのマクロ静学の場合、第3章で見てきたように、「有効需要の原理」にしたがってふつうは失業を伴った均衡が得られる（完全雇用は例外的に生じるに過ぎない）。確かに、ケインズは投資誘因に影響を及ぼす「不確実性」の要因を指摘しているが、消費性向は安定しており、均衡雇用量は、完全雇用には遠く及ばないものの、生活を脅かすほどの最低水準よりは高い水準に決まり、その周辺を変動しているというのが、ケインズの認識であった。それゆえ、ハロッドのマクロ動学の均衡のように著しく不安定なものではなかった。

ハロッドは、「不安定性原理」を提示したことによって、ケインズのマクロ静学を乗り越え、みずからの独創性を獲得したと信じていた。[*2] 彼の業績は、残念なことに、今日のマクロ経済学の主要な教科書のなかでは消えているのだが、第二次世界大戦後の経済成長理論の興隆を導いたという意味では、学界に大きな足跡を残したものであり、決して過小評価してはならないと思う。

④「自然成長率」G_n

ハロッドは、最後に、人口増加と技術進歩によって可能となる所得の増加率を「自然成長率」（G_n）と呼んでいる。[*3] これは最大の雇用量（完全雇用といってもよい）を維持する成長率でもある。

ハロッドが自然成長率を導入したのは、景気循環が生じる経済の長期的背景を説明するためだが、この部分はケインズの愛弟子らしい優れた着想を含んでいる。

例えば、いまが、人口が急速に増加しつつある時代だとすれば、一般に、$G_n > G_w$ となるが、Gは長期的にはG_nに制約されるので、$G > G_w$ となる可能性が高くなり、好況が比較的長く続くだろう。

逆に、人口増加が緩やかな時代になれば、一般に $G_n < G_w$ となるが、その場合は、$G < G_w$ となる可能性が高いので、経済は長期停滞に陥るだろう。

貯蓄は美徳？　悪徳？

さて、ここで、ハロッドは、みずからの経済動学のなかに、貯蓄についてのケインズの見解を織り込もうとする。[*4]

すなわち、$G_n>G_w$ のときは、経済は完全雇用のもとでインフレ的になりやすいので、貯蓄性向を引き上げることで $G_w(=s/C_r)$ を大きくすることができるため、経済を $G_n=G_w$ という望ましい方向に導くことができる。つまり、この場合は、貯蓄は「美徳」なのである。

逆に、$G_n<G_w$ のときは、経済は長期停滞に陥りやすくなり、貯蓄性向を引き下げることで $G_w(s/C_r)$ を小さくすることができるので、経済をやはり $G_n=G_w$ の方向に誘導することができる。つまり、この場合は、貯蓄は「悪徳」になる。

ケインズの『一般理論』は、ハロッドの言葉では、「マクロ静学」の枠組みで、不況のときの貯蓄性向の上昇が不況を深化させる一方で、経済が過熱したときの貯蓄性向の上昇はインフレ防止になるということを明らかにしたが、ハロッドは、ケインズ経済学の「精神」をマクロ動学に持ち込んで、G_n と G_w の比較からいま見たような結論を引き出したのである。この意味で、ハロッドは、優れたケインジアンだったと言えよう。

ヒックスのIS／LM分析

「ケインズ以後」の経済学者の二番目として、ジョン・リチャード・ヒックス（1904〜89年、のちのサー・ジョン・ヒックス）を、ケインズの愛弟子であるジョーン・ロビンソンとの比較を交えながら取り上げたい。

ヒックスの名前は、現代ミクロ経済学の古典的名著『価値と資本　経済理論の若干の基本原理に関する研究』（初版は1939年）の著者としてつとに有名だったが、最近の教科書はヒックスの貢献として明示せずに解説をしているものが増えたので、経済理論家としてのヒックスの偉大さが学生たちによく伝わっていないきらいがある。だが、1930年代の理論経済学の発展は、若き日の俊英であったヒックスの力なくしてはとうてい語れないほどだ。

そのヒックスが、「ケインズ氏と〝古典派〟」（『エコノメトリカ』誌、1937年4月）と題する論文において、『一般理論』の一解釈を提示したが、それは「一解釈」を超えて、たちまち経済学界に浸透していき、今日でもこれを超えるケインズ解釈はないほどの「スタンダード」になってしまった。この解釈は、かいつまんで言えば、当時のヒックスが研究していたローザンヌ学派（レオン・ワルラスやヴィルフレード・パレートに代表される）の一般均衡理論の思考法を『一般理論』の解釈に応用したのである。なぜなら、それは、財市場の均衡 $I(r)=S(Y)$ から右下がりのＩＳ曲線を、貨幣市場の均衡 $M=L_1(Y)+L_2(r)$ から右上がりのＬＭ曲線を導出し、所得Ｙと利子率ｒが両曲線の交点によって同時決定されるとするものだったからだ。[*5] しかも、ＬＭ曲線の形状に留意することによって、深刻な不況時（ＬＭ曲線の水平部分）と完全雇用が実現された古典派のケース（ＬＭ曲線の垂直部分）の両方を同じ分析枠組みのなかに包摂できるという長所をもっている（**図3**を参照）。

図3は、大学で経済学を学んだことのある読者なら、必ず習ったはずの図表である。先ほど、所得と利子率の「同時決定」という思考法が一般均衡論的と形容したが、ヒックスはＬＳＥでの若い駆け出しの研究者だった頃、これも当時は若き教授だったライオネル・ロビンズ（１８９８～１９８４年）に鼓舞されて大陸の一般均衡理論を原語で熱心に研究していた（当時、大陸の重要文献はまだ大半が英訳されていなかった）。私たちが経済学を学び始めた頃も、ヒックスの『価値と資本』は重要文献に指定されており、数学付録が理解できるように数学の学習をしながら精読したものである。

ヒックスが研究を開始した頃、英語圏ではケインズの師で、ケンブリッジ学派の創設者、アルフレッド・マーシャルの『経済学原理』（初版は１８９０年、１９２０年の第８版ま

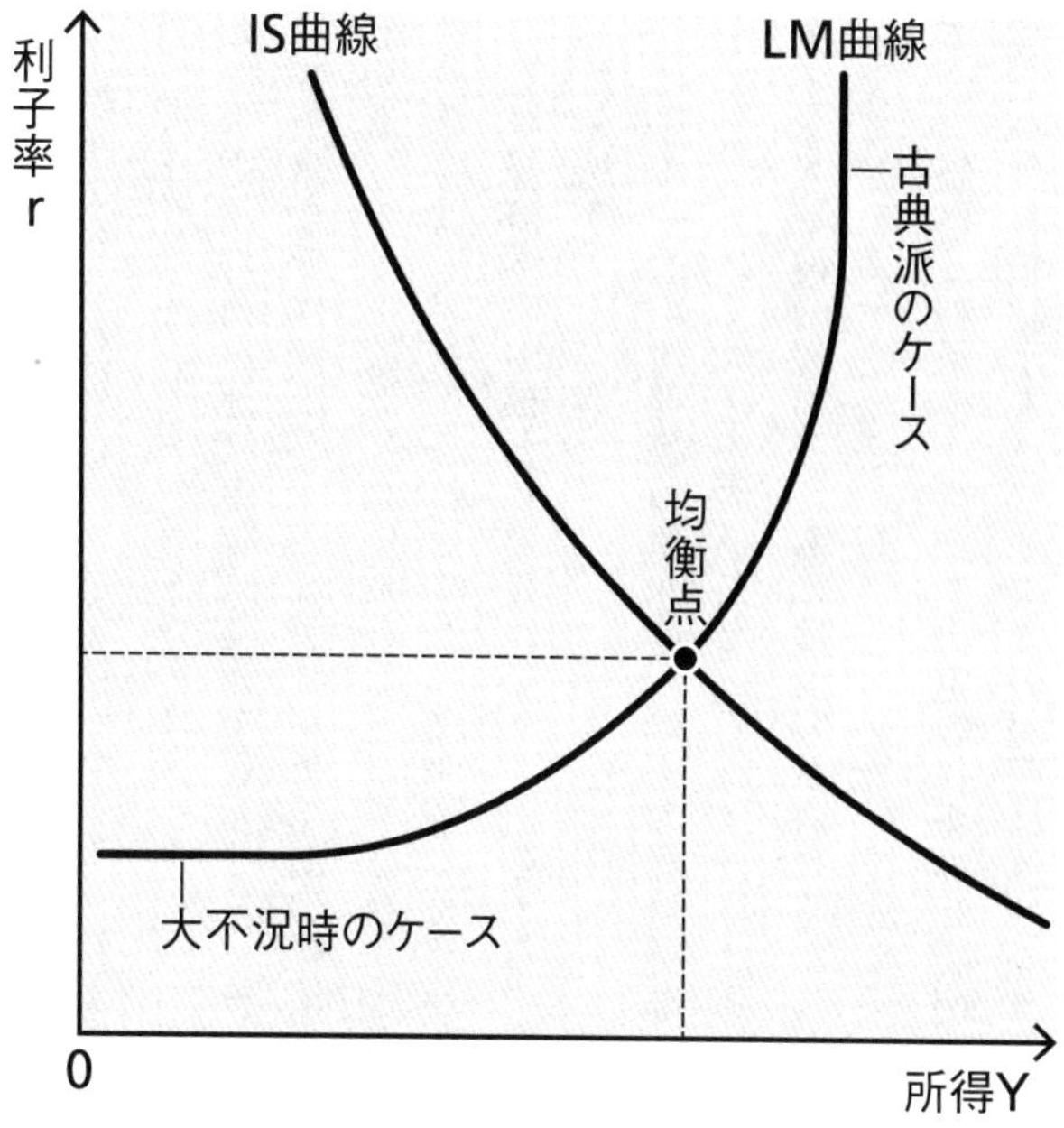

図3　財市場の均衡から右下がりの IS 曲線を、貨幣市場の均衡から右上がりの LM 曲線を導出し、所得 Y と利子率 r が両曲線の交点によって同時決定されるとする。

で版を重ねた）が圧倒的な影響力をもっていた。マーシャルの経済理論は、今日の通説では、「他の事情が等しければ」という条件のもとで、特定の財市場の需給均衡を考察する「部分均衡分析」が中心ということになっているが、ワルラスはこれとは違って、すべての市場における需給均衡を連立方程式体系で提示する「一般均衡分析」の道を選んだ。だが、ケインズ革命まではマーシャル経済学が英語圏の経済学界を支配していたので、ワルラスの一般均衡分析は主流派に食い込むことができなかった。ところが、ヒックスの『価値と資本』の登場以来、そしてとくに第二次世界大戦後の経済学教育においては、一般均衡分析がミクロ経済学の中核としてしっかりと根を下ろすことになった。ヒックスの貢献は大きかったと思う。

ヒックスによる一般均衡理論の紹介は、いまの経済学部で学ぶ学生たちにはお馴染みのものだろうが、マーシャル経済学が支配していた当時はそれほど一般的ではなく、ことによると、ケインズや彼の愛弟子たちには受容されにくかったかもしれない。

というのは、こういうことである。ワルラスが提示し、ヒックスに受容された形の一般均衡理論では、価格（利子率を含む）決定の仕組みを説明するとき、つねに方程式の数と未知数の数の一致を確認する。ヒックスの説明は、ワルラスの叙述に沿っている。

「n種の交換可能な財と用役とがあるものとせよ。すると全体でn個の決定されるべき価格がある。というのは『財』の中には価値標準（貨幣）として採られる財を算入しなければならないからである。その結果この標準で表わした他の財および用役のn-1個の価格と、一個の利率（ここでは一週間の貸附に対する利率）とが残される。これはすべてでn個の価格となる。このn個の価格を決定するために、n-1個の商品（貨幣を除く）に対するn-1個の需給均等方程式、貸附に対する一個の需給均等方程式、および貨幣に対する一個の需給均等方程式がある。これはすべてでn+1個となる。けれども、すでに通暁しているワルラスの体系におけるように、これらn+1個の方程式の一つは残余のものから出てくる。その結果、n個の価格を決定すべきn個の方程式が残される。体系は過不足なく決定されるのである。」（『価値と資本』上巻、安井琢磨・熊谷尚夫訳、岩波文庫、1995年、274～275ページ）

さて、では「一式消去」するものにどれを選べばよいのか。それは全く任意なのだが、ヒックスは、『一般理論』の登場以来、学界で論争になっていた「流動性選好説vs.貸付資

「貸付資金説」にあえて焦点を合わせるために次のように論じている（「貸付資金説」とは、貸付に対する需給関係で利子率が決まるという学説だが、古典派の利子論の発展形態と考えればよい)。

「もしn-1個の財および用役のおのおのに対する需要供給を均等ならしめ、また証券（あるいは貸附）に対する需要供給を均等ならしめる価格の体系が確立されるならば、貨幣に対する需要と供給とは等しくなければならず、従って貨幣方程式はそれ以上にはもはや何も告げることがないのである。しかし注意すべきは、この論旨は単にn+1個の方程式の中から一個の除去を可能ならしめるにすぎないということである。どの方程式を選んで除去するかは全くどうでもよい。もし貨幣方程式を除去することに決めるならば、価格と利子とが財および用役の市場、および貸附の市場で決定されるものと考えることができる。すなわち貨幣方程式は全く不必要となって、何もわれわれに告げることがないのである。しかし立論の方向を一変しさえすれば、どんな他の一個の方程式を選んでもこれを除去することができる。もし別個の一方程式を除去することに決めるならば、貨幣方程式はその本来の資格に復帰する。その別個の方程式が不必要となるのに対して、貨幣方程式は価格体

系の決定において有効な役割をつとめるのである。」（『価値と資本』、上巻、前掲、279〜280ページ）

流動性選好説vs.貸付資金説

要するに、一般均衡体系においては、「一式消去」の対象が貸付に対す
なれば貨幣に対する需給均等式が残り、逆にその対象が貨幣に対する需給均等式に
貸付に対する需給均等式が残ることになる。一見、前者では流動性選好説が
付資金説が成り立つようにみえるが、決まる利子率は同じなので、両者のあいだ
な違いはないということである。

ケインズやケインズの愛弟子たちは、流動性選好説の意義を骨抜きにしかねない
消去」の方法には反発したに違いない。実際、ケンブリッジでは、流動性選好説支持の
インジアンvs.貸付資金説支持のデニス・H・ロバートソン（ケインズの初期の教え子の一
人だが、『一般理論』を境に両者の理論的立場の違いが先鋭になった）のあいだで熾烈な論争が展開されたのである。

ケインズやケインジアンにとっては、流動性が選好されるのは、あるいは、ケインズが

好んだ言葉遣いでは「貨幣愛」がなくならないのは、人々が将来に対して不安を抱いているからである。ケインズは、『ケインズ全集第14巻』所収の論文「雇用の一般理論」（『クォータリー・ジャーナル・オブ・エコノミクス』誌、1937年2月号）のなかで次のように述べている（なお、この論文は、ケインズの愛弟子たちが好んで引用する論文の一つである）。

「良く知られているように、貨幣は二つの主要な役割を果たしている。計算貨幣として機能することにより、実際の物体として存在していなくとも、交換を促進する。この点においては、重要ではなく現実の影響もない便利なものである。第二に、貨幣は富の貯蔵である。そうニコリともせずに告げられる。しかし古典派経済の世界では、なんた使い方をするのだろう！　というのは、富として貯蔵しても何も生み出さな、なぜ幣の特徴はよく知られている。それに対して、事実上その他すべての富貯蔵かなんらかの利子または利潤が生まれるからである。精神病院にいるので貨幣を富貯蔵のために使いたいと考えるのだろうか。

というのは、合理的でもありまた本能的でもあるが、富の貯蔵として貨幣を保有したいという欲求は、われわれが将来に関する自分自身の予想や慣習を信じていない程度を示すバロメーターだからである。たとえ貨幣に対するこの感覚自体が慣習的かつ本能的であるとしても、それはわれわれの動機のいわば深層部に作用している。より上位のより当てにならない慣習の力が弱まった瞬間に、貨幣が代わりを引き受けるのである。現に貨幣を保有しているということは、不安をやわらげる。貨幣を手放すために必要なプレミアムは、われわれの不安の程度を測る尺度である。」（『ケインズ全集第14巻　一般理論とその後第Ⅱ部　弁護と発展』清水啓典・柿原和夫・細谷圭訳、東洋経済新報社、２０１６年、147～148ページ。傍点は引用者）

「貨幣愛」というものが将来に対する「不安」を測るバロメーターだというケインズの視座は、『一般理論』において何度も強調された投資決定や流動性選好に深く関係のある「不確実性」の認識に由来するものであることは容易に読みとれる。だが、『一般理論』への様々な反応をみて、ケインズは、まだ自分の「不確実性」の概念についての説明が足りなかったと自覚したのだろう。それゆえ、先に触れた論文「雇用の一般理論」では、もう少し踏み込んで、何が「不確実性」に当たるのかを改めて説明している。

「説明しておきたいが、『不確実な』知識という言葉で、私は確実にわかっていることと、単に起こりそうなだけのことを区別しているだけではない。ルーレット・ゲームはこの意味での不確実性のもとにあるのではない。戦時債権が償還される見込みもそうではない。すなわち、繰り返せば、平均余命はわずかに不確実であるにすぎない。天気の不確実性でさえわずかなものである。私がその言葉を使っている意味は、ヨーロッパ戦争の見込みは不確実である、あるいは二〇年先の銅の価格や利子率、あるいは新発明の陳腐化、一九七〇年の社会体制における私的富保有者の地位、等々は不確実であるという意味である。それらの事柄に関しては、計算可能な確率を形成する科学的根拠はまったく存在しない。われわれはまったく何も知らないのである。それにもかかわらず、行動し決定する必要があるので、現実的に最善を尽くしてこの扱いにくい事実を見通し、仮に、有利・不利に関する一連の見込みに対して、それに適切な確率を掛けたうえで集計するというベンサム的な計算がうまくできればとるべきであるような行動をしなければならない。」(『ケインズ全集第14巻　一般理論とその後　第Ⅱ部　弁護と発展』、前掲、145ページ。ただし、訳文中の「この世の期待」は「平均余命」に置き換えた)

ケインズ革命はどうなったのか

ケインズの愛弟子、ジョーン・ロビンソンは、後期になればなるほど、このようなケインズの「不確実性」の論理を重視するようになったが、とくに『一般理論』を均衡分析の鋳型に押し込めるように解釈する者は、ケインズ革命の意義を全く理解しない、「偽物」のケインジアンだと激しく糾弾し、のちの「ポスト・ケインジアン」に大きな影響を及ぼした。もちろん、この場合の「ポスト・ケインジアン」は、ケインズ経済学（マクロ理論）と新古典派経済学（ミクロ理論）を折衷させ、一時期、世界の経済学界を支配した「新古典派総合」（アメリカの有力な経済学者だったポール・A・サムエルソンによって代表される）に抗して、ケインズ経済学の可能性をとことんまで追究しようとする人たちを指している。

ジョーン・ロビンソンは、「ケインズ革命はどうなったか」（1972年）と題する論文のなかで、ケインズ革命の理論上の核心について次のように述べている。

「理論の局面においては、革命は、均衡概念から歴史概念への変化に横たわっている。すなわち、合理的選択の原理から推測や慣行にもとづく決意の問題への変化である。」（「ケインズ革命はどうなったか」、ジョーン・ロビンソン『資本理論とケインズ経済学』山田克巳訳、日本経済評論社、1988年所収、56ページ）

これは主流派を挑発するほどきわめて大胆な解釈である。ここで「均衡概念」とか「合理的選択の原理」と呼ばれているものは、一般均衡論の枠組みで『一般理論』を解釈したヒックスのIS／LMに代表される思考法を指していると思われる。ケンブリッジ学派のマーシャル経済学で教育されたケインズがレオン・ワルラスに始まる一般均衡理論の思考法に染まっていたというのは当たらないが、それでも、彼が『一般理論』において「有効需要の原理」を提示する際には、総供給曲線と総需要曲線の交点で均衡雇用量や均衡産出量が決まると明確に述べているので、「均衡」概念をすべて否定したというのは言い過ぎだろう。

新古典派vs.ケインズ

それにもかかわらず、ジョーン・ロビンソンが「歴史概念」とか「推測や慣行にもとづく決意の問題」こそが『一般理論』の核心だと主張するのは、ケインズにおける「不確実性の論理」を重視しているからに違いない。実際、ジョーン・ロビンソンは、続けて前に紹介したようなケインズの「不確実性」の考え方を持ち出している。晩年のジョーン・ロビンソンは、しばしば、「均衡vs.歴史」という対比で「新古典派vs.ケインズ」について語ったが、ここで「歴史」というのは、「歴史的時間のなかにある経済の意思決定の問題」と言い換えてもよい。「歴史的時間」の本質は、取り返しのきかない「過去」と不確実な「未来」の狭間にある「現在」という状況のもと、人間が意思決定を迫られるということだ。『一般理論』では、投資決定や流動性選好などが、「歴史的時間」のなかでの経済に特有の意思決定の問題として論じられていた。それゆえ、ジョーン・ロビンソンは、次のように言うのだろう。

「歴史が取り返しのきかない過去から未知の将来へと一方的に進行する時間のなかに、経済が存在するということをひとたび認めるならば、空間をあちこち振動する振子についての機械的な類推に基礎を置く均衡概念は支持できなくなる。伝統的な経済学の全体が、新しく考え直される必要がある。」(「ケインズ革命はどうなったか」、前掲、58ページ)

合成の誤謬への留意

ケインズは、ジョーン・ロビンソンが言うように、投資決定や流動性選好における「不確実性の論理」を強調したが、前にも触れたように、それが雇用量や産出量の決定における「均衡」概念の放棄にまでつながるとは考えていなかったと思う。『一般理論』のケインズは、つねに「合成の誤謬」(ミクロを積み上げていってもマクロにはならないという論理で、若き日に哲学者G・ムーアの「有機的統一の原理」から学んだものである)に留意しながら、個々の財の需要と供給の理論とは区別された、「全体としての産出量の需要と供給の理論」(「有効需要の原理」の別表現と考えてよい)を考察していたが、それは個々の投資決定や流動性選好が「不確実性」の影響を受けることとは決して矛盾しない。つまり、例えば、個々の企業の投資決定は「不確実性」の影響を多分に受けるだろうが、「総」投資が決まるならば、乗数理論に従って、それにちょうど等しい「総」貯蓄を生む水準に「総」所得を決定するのである。

ケインズは、何度も引用している論文「雇用の一般理論」のむすびにおいて、自分が『一般理論』において主張したかったことを二点に要約しているが、それは私がいま述べた理解と符合するものである。長くなるが、注意深く読んでほしい。

「(1) 正統派理論は、われわれが将来に関して現に持っている知識とはまったく異なった種類の知識を持っていると仮定している。この誤った理論的説明はベンサム的計算の線に沿ったものである。将来が予想可能であるという仮説は、何かしなければならないために、われわれがやむを得ず従っている行動原理について誤った解釈を生み、疑心暗鬼、不確かさ、希望や恐れという隠れた要因の過小評価につながる。その結果が、誤った利子率理論となっていたのである。貸付か資産保有かという選択の有利さを等しくしなければならないので、利子率が資本の限界効率に等しい必要がある、ということは正しい。しかしこれによっては、どの水準でその均等が成立するかはわからない。正統派理論は、資本の限界効率が調整の役割を果たすとみなしている。しかし、資本の限界効率は資本資産の価格に依存している。そしてこの価格は新投資率を決定するので、均衡において、それと整合的な所与の貨幣所得水準はただ一つしか存在しない。したがって、貨幣所得水準が与えられない限り、資本の限界効率は決定されないのである。貨幣所得水準が変化し得る体系では、正統派理論には解を得るために必要な方程式が一つ不足しているのである。明らかに、正統派体系がこの矛盾を発見できなかった理由は、それが暗黙のうちに所得はつねに所与である、すなわち、すべての利用可能な資源を雇用した場合の水準にある、と仮定していたからである。換言すれば、それは暗黙のうちに、金融政策が利子率を完全雇用と両立する水準に維持するように行われていることを仮定しているのである。したがって、それは雇用が変動にさらされている一般的な場合を取り扱うことができない。それゆえ、資本の限界効率が利子率を決定するのではなく、利子率が資本の限界効率を決定するというほうが、（その状態の完全な説明ではないが）より真実に近いのである。

(2) もし正統派理論が産出量全体に対する需要と供給の理論の必要性を無視していなければ、それは今までに上記の欠陥を発見していたであろう。私は、現代の多くの経済学者は、供給はそれ自らの需要を創り出すというセイの法則を本当には信じていないだろうと思う。しかし、彼らは暗黙のうちにそれを仮定していたことを意識していなかった。したがって、乗数の基礎である心理的法則にも気がつかなかったのである。企業家が生産して引き合う消費財額が、彼らが生産して引き合う投資財額の関数であるということはこれまで注目されていない。その理由は、あらゆる個人は彼の全所得を消費するか、あるいは新たに生産された資本財を直接、間接に購入するかのいずれかに支出するという暗黙の仮定にある、と私は考えている。しかしここでもふたたび、旧い経済学者はこれをはっきりと信じているものの、私は現代の経済学者の多くが本当にこれを信じているかどうかは疑問だと思っている。彼らは、その結果を意識せずに、これらの旧い観念を捨て去っているのである。」（『ケインズ全集第14巻　一般理論とその後　第Ⅱ部　弁護と発展』、前掲、153〜154ページ、傍点は原本ママ）

辺境の地ポーランドから現れたカレツキ

推測するに、ある段階から、ジョーン・ロビンソンが「均衡」から「歴史」のほうへ急速に傾斜していったのは、ケインズ革命の影響もさることながら、ミハウ・カレツキ（1899〜1970年）やピエロ・スラッファなどの影響を受けて、ケンブリッジ学派（マーシャル経済学は英語圏の経済学のまさに本流である）からみれば「異端の経済学」である、マルクスの『資本論』を真剣に読み始めたことと関係が深いのではないだろうか。別の表現を使えば、ケインズ革命の意義は十分に認識しながらも、大量失業問題をあくまで資本主義という経済体制の枠内で解決しようとしたケインズのある種の「保守主義」に不満を抱き始めたというべきか。

ジョーン・ロビンソンは、1930年代に知り合って以来、ポーランド出身の天才経済学者カレツキと懇意になり、カレツキが実は『一般理論』よりも数年前に「有効需要の原理」を発見していた事実に驚愕した一人である。ポーランドという国は、経済学が最も発展していた当時の大英帝国で、マーシャルの高弟にして世界的名士になっていたケインズからみれば、「辺境の地」に過ぎなかった。ケインズは、そんな国からやってきた無名の経済学者が自分と類似の「有効需要の原理」を発見していたと聞いても俄に信じられなかっただろう。だが、カレツキは、工科大学中退という学歴で経済学の専門教育を全く受けていなかったにもかかわらず、マルクスやローザ・ルクセンブルクなどの左翼系の文献から経済学に入門し、マルクスの再生産表式の利用から「有効需要の原理」を発見してしまったのだ（拙著『現代経済思想史講義』人文書院、２０２０年、第3章参照）。

ケインズは、みずから何度も語っているように、ケンブリッジ学派という「要塞」のなかで英才教育を受けたので、マーシャル経済学の呪縛から逃れるのは容易ではなかった。もちろん、みずからの出自を決して忘れることができないように、『一般理論』もマーシャルの需給均衡の枠組みを「全体としての産出量の需要と供給の理論」に応用し、総需要曲線と総供給曲線の交点で均衡雇用量や均衡産出量が決まるという理論構成になっているのだが、マーシャル経済学に雇用量や所得の決定理論が欠落していたのは紛れもない事実

ミハウ・カレツキ（Michał Kalecki、1899〜1970年）、ポーランドの経済学者。ジョーン・ロビンソンはカレツキがケインズよりも数年前に「有効需要の原理」を発見していたことに驚愕した。写真／ALBUM / アフロ

であり、この点でケインズの貢献はきわめて大きいものがあった。ところが、マーシャル経済学の伝統から無縁の地にあったカレツキは、いとも簡単に「有効需要の原理」を導き出した。

カレツキは、経済を三つの部門（投資財を生産する第Ⅰ部門、資本家の消費財を生産する第Ⅱ部門、労働者の消費財を生産する第Ⅲ部門。「資本家の消費財」とは「奢侈品」、つまりぜいたく品のことであり、これが「労働者の消費財」、つまり必需品と対をなしているのである）に分類する。マルクス経済学の初歩的知識があれば、各部門の生産物の価値は、不変資本 c ＋可変資本 v ＋剰余価値 m、に等しいことがわかるだろう（以下、各部門の c、v、m を表すために下付きの数字を添える）。

カレツキは、労働者は賃金をすべて消費すると仮定する。労働者の所得の総計は、$v_1+v_2+v_3$ だから、これが労働者の消費財の価値、$c_3+v_3+m_3$ に等しいということである。整理すると、$v_1+v_2=c_3+m_3$、という関係が得られる。これを利用すると、粗利潤 $c+m$ の総計、$c_1+c_2+c_3+m_1+m_2+m_3$ は、第Ⅰ部門と第Ⅱ部門の生産物の価値の合計、$c_1+v_1+m_1+c_2+v_2+m_2$、に等しい。換言すれば、利潤＝投資＋資本家の消費、ということであり、これがカレツキの有名な利潤決定の命題である。これを、$P=I+C$ と表すことにしよう

（もちろん、Pは利潤、Iは投資、Cは資本家の消費を指している）。

ここまでくると、ケインズの所得決定理論と類似の方程式を導き出すのは比較的簡単である。カレツキは、資本家の消費は利潤の関数であると仮定する。すなわち、$C=B_0+\lambda P$（ここで、B_0は基礎的消費部分で常数、$0<\lambda<1$）。これを先の利潤決定の式に代入すると、$P=(B_0+I)/(1-\lambda)$、という式が得られる。さらに、賃金分配率W/Y（ここで、Wは賃金所得、Yは国民所得）をαとおくと（$0<\alpha<1$）、利潤分配率P/Yは（1-α）となるので、これをさらに代入すると、

$$Y=\frac{B_0+I}{(1-\lambda)(1-\alpha)}$$

という式が得られる。ケインズ理論との対比でいえば、資本家の消費性向λばかりでなく、分配関係を表すαも明示的に入っているという違いはあるが、資本家の投資決意Iが所得Yを決定するという論理は同じである。カレツキ理論の「乗数」は、$1/(1-\lambda)(1-\alpha)$となる。

「左派ケインジアン」としてのJ・ロビンソン

ジョーン・ロビンソンは、ケインズの愛弟子のなかではほとんど唯一、マルクスの『資本論』を丹念に読み、のちにはマルクス経済学に関する小さな本も書いているくらいだが、おそらくカレツキとの交流は、彼女のなかでケインズ革命を「相対化」し、ケンブリッジ学派の伝統にはなかった左翼的（あるいは革命的）思想を受け容れる素地を養ったのではないだろうか。彼女は、「左派ケインジアン」をみずから名乗るようになってから、現代では、「雇用の量」ではなく「雇用の内容」が重要だということを強調するようになったが、これは明らかに『一般理論』のケインズとは一線を画した視点だった。例えば、ケインズは、次のように書いている。

「問題を具体的に考えてみても、現存の経済体制が現に利用されている生産要素を著しく誤って用いていると考えなければならない理由は見当らない。もちろん、予見の誤りはある。しかし、それは意思決定の中央集権化によっても除かれないであろう。労働する意志と能力をもっている一〇〇〇万人のうち九〇〇〇万人が雇用されている場合、この九〇〇〇万人の労働が誤った方向に向けられているという証拠はない。現在の体制に対する非難は、この九〇〇万人が違った仕事に雇われるべきだということではなく、残りの一〇〇万人のために仕事が提供されるべきだということである。現存の体制が挫折しているのは、現実の雇用の量を決定する点においてであって、その方向を決定する点においてではない。」（『ケインズ全集第7巻 雇用・利子および貨幣の一般理論』塩野谷祐一訳、東洋経済新報社、1983年、382ページ）

カレツキ革命？

ケインズ革命の当初は、ジョーン・ロビンソンも、おそらくはこのような考えを支持していただろう。だが、前に触れたように、まもなく、彼女は左傾化し、「何のための雇用か」という視点を強調するようになった。アメリカ経済学会に招聘されたときの講演「経済学の第二の危機」（1971年）が一番有名だが（『資本理論とケインズ経済学』、前掲、所収）、あちこちで類似の主張をおこなっている。要するに、1930年代の世界的大不況（「経済学の第一の危機」）は、「雇用の水準」の決定を解明したケインズの『一般理論』によって乗り越えられたが、いまや、アメリカのケインジアンが軍産複合体に利用されやすい「偽物」のケインズ主義を普及させたことによって、「経済学の第二の危機」が生じており、これは「雇用の内容」を問うような思考法の展開によってしか克服できないというのである。

ジョーン・ロビンソンは、初期には『不完全競争の経済学』（1933年）のような限界概念を不完全競争に適用した仕事（例えば、「限界収入」と「限界費用」が均等するところで企業が利潤を最大化するという命題）で早くから経済理論家としての才能が学界に認められ、ケインズの高弟として後進に大きな影響を及ぼしたが、後期になればなるほど、その論調に左派的な傾向が強まり、なかにはかなりイデオロギー色の濃いものまで含まれるようになった。

もちろん、だからといって、ジョーン・ロビンソンのライフワーク『資本蓄積論』（1956年）やその他の理論上の仕事を否定する理由にはならないが、私は、晩年の彼女が「ケインズ」や「ケインズ革命」について語るとき、少なくない部分が「カレツキ」や「カレツキ革命」によって置き換えても意味が通じるのではないかと思えてならない。もちろん、これは私だけの意見ではなく、他にも同様の意見は多いはずだ。それほどある時期からの彼女にカレツキの与えた影響は大きかった。

カレツキの影響は、戦後ジョーン・ロビンソンとともにケンブリッジ大学を代表する「ポスト・ケインジアン」であったニコラス・カルドアにも及んでいる。ただし、カルドアは、初期はLSEでライオネル・ロビンズから新古典派の徹底的な教育を受け、きわめて有能な新古典派経済学者として出発した。だが、ケインズの『一般理論』の出版を境にケインジアンへと転向し、やがてケンブリッジ大学へと招聘されたという経緯がある（詳しくは、拙著『定本　現代イギリス経済学の群像 正統から異端へ』白水社、2019年、第二章参照）。

カルドアの出番

ケインズの『一般理論』のなかには、分配関係を明示的に採り入れたモデルはない。いや、よくよく考えればあるとも言えるが、ふつうに読んだだけではわからない。例えば、ケインズは、収穫逓減の法則を仮定して右上がりの総供給曲線を導出しているので、総需要曲線が右方にシフトして雇用量が増えたとき、分配関係は労働者に対して不利になっている。[*6] だが、それは、収穫逓減の法則を仮定したことによって導き出された結果とは言えても、まだ分配についての理論とまではなっていないだろう。

そこで、カルドアの出番が来るのである。彼を有名にしたのは、「ケインズ的分配理論」を提示した論文「分配の代替的諸理論」(『レビュー・オブ・エコノミック・スタディーズ』誌、1955〜56年)だが、この論文には、ケインズと同じくらいカレツキの影響が色濃く出ている。

最初になんでもない恒等式が出てくるが、これは難しいものではない。例えば、所得Yが賃金Wと利潤に等しい($Y \equiv W+P$)とか、投資は貯蓄に等しい($I \equiv S$)など。ただし、カルドアは完全雇用を仮定し、所得Yを所与としているが、これは多くのケインジアンから「非ケインズ的」仮定だと批判された。確かにそうだが、のちに見るように、Iが動いたとき同時にYも動くようだと、分配関係をモデル化するには都合が悪い。カルドアの狙いは、ケインズの乗数理論の基礎$I=S$を起点に、「限界概念」に依存することのない分配モデルをつくることにあったので、あえてYを所与とおいたのだろうと思われる。

さて、カルドアらしい特徴は、貯蓄を賃金からの貯蓄S_wと、利潤からの貯蓄S_pに分ける($S \equiv S_w+S_p$)ところから出てくる。いま、投資Iを所与とおき、S_wとS_pのそれぞれに比例的貯蓄関数($S_w=s_wW,\ S_p=s_pP$)と仮定すると、次の式が得られる。

$$I = s_pP + s_wW = s_pP + s_w(Y-P)$$
$$= (s_p - s_w)P + s_wY$$

右の式をさらに整理し、両辺をYで除すと、カルドアの分配モデルの基本方程式が導かれる。すなわち、

$$\frac{P}{Y} = \frac{1}{s_p - s_w}\frac{I}{Y} - \frac{s_w}{s_p - s_w}$$

この式は、労働者の貯蓄性向s_wと、資本家の貯蓄性向s_pが与えられるならば、所得に占める利潤のシェアP/Yは、I/Yに依存していることを示している。ただし、このモデルが有効に作用するには、$s_p \neq s_w$, $s_p > s_w$という条件が満たされなければならない。

この式は、次のように読める。——投資Iが増加すると、I／Yが上昇するが、s_pとs_wが所与ならば、P／Yを上昇させる。P／Yの上昇は、$s_p > s_w$である限り、最初の投資の増加にちょうど見合うだけ貯蓄Sを増加させる、と。

改めて留意すべきは、このモデルからは、新古典派の分配理論にふつう出てくる「限

界」概念が消えていることである（例えば、賃金率が労働の限界生産力価値に等しいとか、資本財価格が資本の限界生産力価値に等しい、とかいうモデル）。初期のカルドアがLSEで新古典派の徹底的な教育を受けたことを前に指摘したが、彼もようやく「ケインズ的分配理論」の提示によって過去の自分とは完全に手を切ったと言えるかもしれない。

ところで、先の式で $s_w=0$ という仮定を置くと、$P=\frac{1}{s_p}I$ となるが、これはカレツキの利潤決定の命題を表す式と同じになる。なぜなら、$s_p=1-c_p$（ここで、c_pは利潤からの消費性向）をその式に代入して整理すると、$P=I+c_pP$ となるが、これはまさに、利潤Pが投資Iプラス資本家の消費c_pPに等しいということを意味しているからである。すなわち、「ケインズ的分配理論」とは言いながら、このモデルにはカレツキの影響が色濃くみられるのである。

「ケインズ以後」の経済学から『一般理論』を振り返るという視座からは、もっと多くの問題を取り上げることも可能だろう。しかし、私はあえて論点を絞ることにした。残った問題は、「ポスト・ケインジアン」の経済理論をもっと幅広く取り上げなければ不可能に近いし、それは本書の範囲を超えると思ったからである。ケインズの『一般理論』が多様な解釈を許容するほど豊饒な思想を含んでいることが伝われば、それでよしとしたい。

＊1　ハロッドの主著は、第二次世界大戦後まもなく公刊された『動態経済学序説』（1948年）だが、すでに成長に関する基本方程式は、戦前の「動学理論に関する一試論」（『エコノミック・ジャーナル』誌、1939年3月）と題する論文に登場している。最近、青山学院大学教授の中村隆之氏が、ハロッドの重要論文を翻訳して一書にまとめたので、これを推薦しておく。ロイ・ハロッド『功利と成長の動態経済学　ハロッド重要論文選』中村隆之訳（ミネルヴァ書房、2022年）。

＊2　経済動学の草稿をめぐるハロッドとケインズの手紙のやりとりは、『ケインズ全集第14巻　一般理論とその後　第Ⅱ部　弁護と発展』清水啓典・柿原和夫・細谷圭訳、東洋経済新報社、2016年）第6章に収録されている。ケインズは、愛弟子の野心的な試みをいろいろと検討しているが、結局、「現実の状態では、難問は保証率を超える率が不安定であることではなく、保証率自体が高すぎて、私的に危険を負担するもとでは、偶然一時的に実現される場合を除くと、あえてその率を達成しようとする人がいないことである」と述べている（1938年9月26日付の手紙より、同書、423ページ、傍点は原本ママ）。ハロッドの意図は必ずしも正確に師匠に伝わらなかったようだが、師弟関係ではよくあることではないだろうか。

＊3　自然成長率＝人口増加率＋技術進歩率、となるのは、次のような簡単な計算でわかる。いま、人口をN、その増加率をxとおく。そして、労働生産性（Y／N）をもって技術の状態を表すものと見なし、その増加率をyとおく（ハロッドは、ここでCrを変化させないような「中立的技術進歩」を仮定している）。ここから、人口増加と技術進歩によって可能となる所得は、

$$N(1+x)\times(Y/N)(1+y)=Y(1+x+y+xy)$$

となる。xyはきわめて小さいので、それを無視すると、所得の増加率はほぼ（x+y）に等しい。

＊4　R. F. Harrod, *Towards a Dynamic Economics*, 1948, pp.88-89.

＊5　IS曲線は、（資本の限界効率表が所与ならば）利子率rの関数である投資Iと、所得Yの関数である貯蓄Sの均等、すなわち、I(r)=S(Y)から導出されるが、通常、右下がりである。というのは、利子率の低下は投資の増加をもたらすが、投資の増加に等しい貯蓄の増加をもたらすには所得が上昇しなければならないからである。他方、LM曲線は、中央銀行の政策によって決まる貨幣量（所与）と、取引動機と予備的動機に基づく貨幣需要（これは所得の関数なので、$L_1(Y)$と表現する）に、投機的動機に基づく貨幣需要（これは利子率の関数なので、$L_2(r)$と表現する）を足し合わせたものの均等、すなわち、$M=L_1(Y)+L_2(r)$から導出

されるが、こちらは、通常、右上がりとなる。というのは、所得の増加は取引動機と予備的動機に基づく貨幣需要 $L_1(Y)$ を増加させるが、貨幣量が一定なので、残りの貨幣量で投機的動機に基づく貨幣需要 $L_2(r)$ を満たすには利子率が上昇しなければならないからである。以上でまだ理解が足りないときは、マクロ経済学の教科書をよく読んでほしい。

＊6　詳しくは、伊東光晴『ケインズ』（講談社学術文庫、1993年）163〜167ページ参照。簡単にいえば、総供給額 $Z=wN\left(\frac{\Delta N}{N}\Big/\frac{\Delta O}{O}\right)$ において（ここで、wは賃金率、Nは社会全体の雇用量、Oは社会全体の産出量）、ケインズが仮定したような収穫逓減の法則が働くなら、$\frac{\Delta N}{N}\Big/\frac{\Delta O}{O}$ が産出量の拡大とともに次第に大きくなるので、賃金分配率 wN/Z は小さくなるということだ。

終章　ケインズから現代へ〜一つの読書案内

『一般理論』に至るブラック・ボックス

思えば、長いあいだ、ケインズと付き合ってきたものである。学部時代は、『経済学者の勉強術』に書いたように、シュンペーターを中心にケネーやワルラスなどを勉強していたので、将来ケインズに長年かかわることになるとは予想していなかった。だが、京都大学大学院に進学したこと、そこでケンブリッジ学派研究の権威者であった菱山泉（1923～2007年）に師事したこと、さらに菱山先生の定年後、ケインズ研究の権威者であった伊東光晴（1927年～）に預けられたことが、私のその後の研究生活に大きな影響を与えたと思う。

伊東先生の学部ゼミでは、いまでいうTA（ティーチング・アシスタント）のような仕事をしていたが、ゼミでは必ず三回生のとき、ケインズの『一般理論』を読むことになっていたので、そのたびに『一般理論』や、『コンメンタール ケインズ一般理論』、宇沢弘文『ケインズ「一般理論」を読む』などを繰り返し読んだ。

そのような本は、学部時代にすでに読んではいたのだが、その頃はシュンペーターが私の学問上のヒーローだったので、ケインズに深入りするのは躊躇いがあった。しかし、菱山、伊東両先生の仕事や関連の文献を読むうちに、ケインズやポスト・ケインズ派の文献をもっと読んでみる気になった。知らずに両先生の「感化」を受けていたに違いない。

ちょうど修士課程の頃は、『ケインズ全集』を利用した『一般理論』形成史の研究が次々に刊行されつつあった。日本語の文献では、浅野栄一『ケインズ「一般理論」形成史』(日本評論社、1987年)、平井俊顕『ケインズ研究「貨幣論」から「一般理論」へ』(東京大学出版会、1987年)などが出たばかりで、また菱山先生の大学院ゼミでも、まだ日本語訳がなかったリチャード・カーンの *The Making of Keynes' General Theory* (Raffaele Mattioli Lectures, 1984) を読んでいた (日本語版は、浅野栄一・地主重美訳『ケインズ「一般理論」の形成』岩波書店、1987年)。カーンを読んだのは、たしか菱山先生が京都大学を定年退官される年度だったと思うが、菱山先生が、あるとき、ケインズ経済学のミクロ的基礎について語っていたのを昨日のことのように思い出す。

私も刺激を受けて、『ケインズ全集』(とくに、『一般理論』の形成過程がわかる第13巻と第14巻) を懸命に読んだ。菱山先生のお宅を訪問したとき、奥様がたてた抹茶 (表千家の流派だったたと思う) を味わいながら、「『ケインズ全集』のどの巻が一番面白かったかね?」と訊かれた。私は、記憶を頼りにいろいろな巻の目次を思い出しながら考えていたが、そのとき、先生のほうから、「私は何といっても第13巻だったね。私たちがケインズを勉強した頃は、『貨幣論』から『一般理論』に至る過程はブラック・ボックスだったけれども、第13巻を読んで、そのほぼ全貌が明らかになった。ケインズが時折書いているエッセイも素晴らしい」と切り出した。私は、「ケインズの『貨幣論』の読み込みが足りないので、まだその面白さはわかりませんが、第14巻の幾つかの論文、貨幣需要の『ファイナンス』動機についての文章を興味深く読みました」と返した。菱山先生は、「ほほう」と言われたような気がするが、そのときは、それ以上の議論にはならなかった。

どうしてそんなことを言ったのかというと、日本経済評論社から出ていた「ポスト・ケインジアン叢書」のなかに、ポール・デヴィッドソンの『貨幣的経済理論』原正彦監訳（1980年）というのがあり、そのなかに出てきた「ファイナンス」動機（計画された投資を賄うための貨幣需要）に関心があったからである。「ファイナンス」動機は、『一般理論』のなかにはなかったが、利子論をめぐる論争過程でケインズが持ち出してきたものだった。この動機は、ポスト・ケインズ派経済学の展開には重要な役割を演じるが、どうやら菱山先生の関心ではなかったようだ。余談だが、デヴィッドソンは、ポスト・ケインジアンのなかでは最も明快な文章を書く一人であり、私のお気に入りでもあったので、のちに、拙著『異端の経済学』（筑摩書房、１９９５年）の一章を彼の経済理論の紹介に割いた。

マクロとミクロの折衷を拒否

「ポスト・ケインジアン叢書」（刊行はすべて日本経済評論社）は、いまでも刊行が続いているが、私はそれが出始めてまもなくの頃、Ａ・Ｓ・アイクナー編『ポスト・ケインズ派経済学入門』緒方俊雄ほか訳（１９８０年）、同『巨大企業と寡占』川口弘監訳（１９８３年）、Ｒ・カーン『雇用と成長』浅野栄一・袴田兆彦訳（１９８３年）、Ｍ・カレツキ『資本主義経済の動態理論』浅田統一郎・間宮陽介訳（１９８４年）などをよく読んでいた。まだケインズ研究家で中央大学の教授や学長をつとめた川口弘氏（１９１４～98年）が存命の頃で、学部生時代に古本で読んだ同氏の名著『ケインズ経済学研究「一般理論」基本体系の吟味』（中大出版社、１９５３年）を懐かしく思い出しながら読んだものである。

しかし、叢書に収録されているどの本も、ミクロやマクロの教科書と比較すれば、決して読みやすいとは言えなかった。翻訳がどうこうというよりは、ポスト・ケインズ派経済学が、当時の新古典派総合のようなマクロとミクロを折衷させたような思考法を拒否して登場してきたこと、しかしながら、新古典派を排して本来のケインズ経済学の可能性を探るというコンセプトは理解できるものの、論者によってその方法論がかなり違っていること（例えば、ケインズの貨幣的経済理論を受け継ぎたいポール・デヴィッドソンと、スラッファの価格理論に固執するスラッフィアンとではポスト・ケインズ派のイメージがずいぶん異なる）が読む者を多少混乱させた面は否定できない。つまり、ポスト・ケインズ派経済学という学派は、一枚岩ではなかったのである。

私が師事した二人の先生のうち、菱山先生はスラッファ研究の権威者だったので、一門外の人たちにはスラッフィアンに近いと見なされていた。その言い方は決して間違いではないけれども、菱山先生は同時にケネー、リカード、マーシャル、ピグー、ケインズ、ロバートソンなどの研究にも相当の時間を割いてきた学者であり、私の目には、単なる「スラッフィアン」とは違うように見えた。お宅にお邪魔したときには、私が清水幾太郎（1907〜88年）に紹介されて初めて訪問したときと同じように、デュルケム、コント、フランスの経済社会学（戦後の一時期、パリ大学を中心に流行っていたときがある）などの話をよくしたものだ。実際、菱山先生は、大学院で経済社会学をやってみたいとさえ考えていた。ところが、指導教授だった岸本誠二郎氏（1902〜83年）にこう言われたらしい。「いや、最初は経済学の古典をしっかり読むことが大切だ。ここに置いてあるA・オンケン編の『ケネー全集』を読みなさい」と。この話は先生から何度か聞いたことがある。

私が師事したもう一人は、昔NHKの教養番組「1億人の経済」でも活躍した伊東光晴先生である。「庶民派」と言われていたが、私が受けた印象は全く違う。伊東先生が京都大学に招かれた頃、先生はすでに経済学史の研究者というよりは、ケインズ経済学と寡占理論と独自の人脈を活かした情報を武器に日本経済の諸問題への処方箋を書く何でも屋という感じのある人だった。だが、そのような印象は外面的なものだとすぐにわかった。伊東先生ほどアカデミアに対する愛着や憧憬の強い人を見たことがない。学部のゼミ生には必ず『一般理論』を読ませ、大学院生には古典の文献考証などの仕事を本気で勧めていた。私には、「泥臭い現実は全部私がやるから、あなたはアカデミックな仕事を一生続けなさい」とよく言っていた。

伊東先生は、東京商科大学（現一橋大学）で杉本栄一に学んだが、杉本氏は、専門のマルクス経済学以外にも近代経済学の諸学派に通暁し、名著『近代経済学史』（岩波書店、1953年）を書いた。『近代経済学の解明　その系譜と現代的評価』（上巻と中巻のみ、理論社、1950年、のちに上下巻として、岩波文庫、1981年）という質疑応答形式で学説を解説したユニークな本もあった。後者に触発されて、菱山先生が『ケネーからスラッファへ 忘れえぬ経済学者たち』（名古屋大学出版会、1990年）をまとめるとき、私の質問に先生が答えるコーナーを設けてもらった。懐かしい思い出である。

二人の天才、ケインズとスラッファ

スラッファ研究の権威者である菱山先生とケインズ研究の権威者である伊東先生――この二人は意外に仲が良かった。そして、スラッファとケインズも、ポスト・ケインズ派の一部（ジョン・イートウェルやM・ミルゲイトなど）には決して「水と油」ではなく、テーマの違う問題に同じ方法論を適用した天才たちであった。

本書でも、イートウェルたちがケインズの『一般理論』を「長期的雇用理論」として再解釈した試みを紹介したが、彼らはさらに進んで、「価値と分配」の問題に生産の側からアプローチした古典派やマルクスの理論を現代に甦らせたスラッファの『商品による商品の生産 経済理論批判序説』（1960年）を接合しようとする（日本語版は、菱山泉・山下博訳、有斐閣、1962年）。スラッファの基本モデルも、長期的に「均等利潤率」が成立した状態での価格決定の仕組みを提示したものである。

ただし、スラッファ体系は「自由度1」（利潤率か賃金率が外生的に与えられない限り、価格を決定することはできない）であるという特徴があることに留意しなければならない。スラッファ理論の解説としては、先に挙げた菱山先生の『ケネーからスラッファへ』が優れているので、ぜひその本を読んでほしいが、イートウェルたちは、産出量の決定（ケインズ）と価格の決定（スラッファ）を分離するという視座を重視しており、それを「古典派アプローチ」と呼んでいる（セイの法則を承認するというケインズの意味での「古典派」とは言葉遣いが違っていることに注意してほしい）。「ポスト・ケインジアン叢書」のなかには、J・イートウェル、M・ミルゲイト編『ケインズの経済学と価値・分配の理論』石橋太郎ほか訳（日本経済評論社、1989年）が収録されている。現代経済学では確かに異端派だが、二人の天才の思想を接合させる実に興味深い試みだ。

最近になって、右に紹介したポスト・ケインズ派経済学以降の展開を手際よく整理した研究書、鍋島直樹『ポスト・ケインズ派経済学　マクロ経済学の革新を求めて』（名古屋大学出版会、2017年）が登場した。1990年代に入って、私の関心は少し違うところに向かい、しばらくポスト・ケインズ派の諸文献を隈なく読んでこなかったので、このような試みは非常に参考になる。同氏による『現代の政治経済学　マルクスとケインズの総合』（ナカニシヤ出版、２０２０年）とあわせて、一読をすすめたい。

伊東先生ゼミの後輩のなかで、ポスト・ケインズ派の研究に一貫して打ち込んできたのは、同志社大学商学部教授の服部茂幸氏である。最近は、伊東先生のように時事論説にまで手を延ばし、一角の論客になった。リーマンショック時に流行った言葉、「ミンスキー・モーメント」の源であるハイマン・P・ミンスキー（１９１９～96年）の研究書『危機・不安定性・資本主義　ハイマン・ミンスキーの経済学』（ミネルヴァ書房、２０１２年）、アベノミクスや新自由主義の経済政策を批判した、『アベノミクスの終焉』（岩波新書、２０１４年）や『新自由主義の帰結　なぜ世界経済は停滞するのか』（岩波新書、２０１３年）など多作である。

教え子のなかでは、カレツキの開発経済学の研究から出発した山本英司氏の『カレツキの政治経済学』（千倉書房、２００９年）、カルドア研究をまとめた木村雄一氏の『カルドア　技術革新と分配の経済学　一般均衡から経験科学へ』（名古屋大学出版会、２０２０年）、そして中村隆之氏（青山学院大学経済学部教授）の優れたハロッド研究書『ハロッドの思想と動態経済学』（日本評論社、２００８年）などが注目される。

ケンブリッジ学派全般にわたる研究書では、伊藤宣広氏（高崎経済大学教授）の『ケンブリッジ学派のマクロ経済分析　マーシャル・ピグー・ロバートソン』（ミネルヴァ書房、２００７年）と『現代経済学の誕生　ケンブリッジ学派の系譜　ポスト市場原理主義の経済学』（中公新書、２００６年）があるが、伊藤氏は近く岩波新書からケインズ論を上梓する予定だと聞いている。

21世紀のケインズ復活劇を読む

さて、21世紀に入ってからの「ケインズ復活劇」は、リーマンショック（２００８年９月）後にみられたことは多くの人が認めるだろう。リーマン・ブラザーズの経営破綻は、たちまち世界的な金融危機を招いたが、ケインズの伝記作家として知られるロバート・スキデルスキー（ウォーリック大学名誉教授）は、すぐに *Keynes The Return of the Master* (2009) という本を書いて、「ケインズの復活」を論じた（日本語版は、『なにがケインズを復活させたのか？　ポスト市場原理主義の経済学』山岡洋一訳、日本経済新聞出版社、２０１０年）。

私は、スキデルスキーがその本のなかで批判の対象にしたモデル（合理的期待形成論、効率市場仮説、実物的景気循環論など）を改めて論じようとは思わない。私が関心をもったのは、むしろスキデルスキーがケインズの若き日の論文「エドマンド・バークの政治学説」（ケンブリッジ大学キングズ・カレッジ所蔵、1904年夏から秋に執筆されたとされる）に触れている件である。

バークは、フランス革命や国王処刑の狂気などに反対した「保守主義」の思想家というイメージが強いが、スキデルスキーによれば、ケインズがバークにおいて評価したのは、そのような側面ではなく、バークが「抽象的な正義」よりも「便宜」を優先したことである。引用してみよう。

「ケインズは政治学を実践倫理学の一部門だと考えている。政府はいかに行動すべきかを扱う科学である。政府の目的は、『それ自体として本来的に善』である状態を実現することではなく、社会の構成員がそうした善を追求できるような条件を整えることである。この見方では、社会が繁栄して人びとが安心できるようになるほど、そして、社会の仕組みが公正になるほど、人びとの心の状態が良くなると想定されている。政治は、良い心の状態を養おうとしている人びとの気持ちを、不当にそらさないように、そしてもちろん継続的にそらさないようにしなければならない。……

政治学の目標は社会の満足である。ケインズは『身体的な平穏』、『物質的な満足』、『知的な自由』といった善を強調した。個人的には生涯にわたって、政治や経済の混乱のために、『神経に悪い状態』が続いた。このため、こうした混乱をできるかぎり少なくすることが、政治的な善だとみており、こう論じている。『国民に幸せをもたらす政府は、どのような倫理理論から着想を得ているにせよ、良い目的にかなっている』」（『なにがケインズを復活させたのか？』、前掲、236〜237ページ）

ここで、「それ自体として本来的に善」とは、やはり若き日のケインズが哲学者G・ムーアの『倫理学原理』（1903年）から学んだものだが、それは、端的に言えば、「美的対象の享受」と「人間的交わりの喜び」のことだった（『倫理学原理』深谷昭三訳、三和書房、1973年）。だが、ケインズが生きた時代のヨーロッパは、まだ政治や経済が混乱状態で、そのような「それ自体として本来的に善」なるものを享受するには程遠かった。それゆえ、「社会の構成員がそうした善を追求できるような条件を整えること」が必要だったわけだが、このとき、ケインズが注目したのがバークの思想だったというのが非常に興味深い。

ただし、留意すべきは、ケインズもスキデルスキーも、「社会の構成員がそうした善を追求できるような条件を整えること」、とくにケインズが活躍した領域では政府による適切な経済運営の「手段」を「目的」と取り違えないように警戒していたと思う。というのは、『なにがケインズを復活させたのか？』を改めて読んで気づいたが、彼はリーマンショックのような金融危機を単に「経済」の問題ではなく、「モラル」の失敗として捉えていたからである。スキデルスキーは、次のように言っていた。

「……今回の危機は道徳の失敗でもあった。金銭の価値を基盤にするシステムの失敗であったのだ。道徳の失敗の核心は、経済成長を『良い生活』を達成するための手段としてではなく、それ自体が崇高な目標であるかのように扱ったことである。このため、経済成長の手段としての経済的な効率性が、人びとの見方でも政策でも絶対的に優先された。いまの社会で道徳を判断する基準になっているのは、堕落して薄っぺらになった経済的厚生の概念だけであり、財の数量によってはかられている。このように道徳が欠落していた点で、グローバル化と金融イノベーションが無批判に受け入れられた理由、人間のさまざまな関心事のうち富の追求を最優先する慣行が認められた理由を説明できる。」（『なにがケインズを復活させたのか？』、前掲、252ページ）

経済学は控えめに？

確かに、ケインズは、遠い将来、大半の経済問題が解決されるほどの豊かさを実現した社会において、経済学者が歯科医のように「技術」に磨きをかけた控えめな存在になることが望ましいというように考えていたので、スキデルスキーの右のような見解に反対しなかっただろう。

いったい、ケインズにとって、経済学とは人生のほんの一部の時間を割いて専念した仕事の一つに過ぎなかった。彼には関心のあるものが山ほどあり（カレッジの会計官、雑誌の編集者、政府の委員会の仕事、芸術や美術の愛好家、等々）、一日中、経済学のことを考えていたわけでは決してない。学生時代から、専門の数学以外にあまりにも手を広げすぎたために、ケンブリッジ大学の優等卒業試験（「トライポス」と呼ばれる）での成績が期待したほどふるわなかったというエピソードが残っているくらいである。しかも、ケインズは、スキデルスキーのいう「良い生活」のためにはそれでよいとさえ思っていたはずだ。

そのように考えると、スキデルスキーが、同じ本の中で、現在の経済学教育が「ミクロ経済学」「マクロ経済学」「計量経済学」を中心に専門化され過ぎていると不満を述べているのを読んでも不思議ではないだろう。彼は、ケインズになり代わって、二つの提言をしている（『なにがケインズを復活させたのか？』、前掲、279〜280ページ）。

一つは、「学部の経済学教育は幅広い分野にわたるべき」であり、ミクロやマクロばかりでなく、「経済史と政治史、経済思想史、社会哲学、社会学、政治学などで構成されるべきである」こと。

わが国でも、主要大学の経済学部で「経済思想史」（「経済学史」といってもよい）の専任スタッフによる講義は消えつつあるが（「経済史」はカリキュラムにあるが、「政治史」はない）、さらに「社会哲学」や「社会学」や「政治学」を学ぼうとするなら、文学部や法学部などの講義を他学部聴講する以外にないだろう。しかし、そこまで意欲のある学生は稀である。

あえて現在のカリキュラムを擁護するなら、学生たちはミクロやマクロや計量などの基礎科目や、それを理解するための数学や統計学、それに最近導入されたデータサイエンスなどを学ぶのに精一杯で、「社会哲学」や「政治学」や「社会学」などにまで手を延ばす時間がないという事情もあるに違いない。

実際、私も京都大学経済学部で「現代経済思想」を隔年で教えているが、半期の講義が終了したとき、ある学生が教壇の側まで来てこう言った。「先生の講義は大変楽しく拝聴しました。自分はもともと理系で、歴史や思想史には不案内でした。試験も受けたいとは思っていたのですが、いまは、ミクロやマクロの試験勉強に追われて、とてもその余裕がありません。それでも、思想史の面白さをかいま見ることができたのは収穫で、半年間どうもありがとうございました」と。内心複雑な気持だったが、これが現状である。

スキデルスキーの提言のもう一つは、さらに経済学部の専任スタッフの反発を招きそうである。というのは、彼が、「大学院でミクロ経済学の研究をマクロ経済学研究から分離」し、「狭い範囲の想定に基づくモデルの構築と検証」をおこなうミクロ経済学のコースは、ビジネス・スクールでの教育と連動させる一方で、マクロ経済学の修士号は経済学とその他の学問（歴史学、哲学、社会学、政治学、国際関係論、生物学、人類学など）との「複数専攻」を認めるべきであると言っているからである。

スキデルスキーの狙いは、ケインズの生涯をある程度知っている人たちには、予想がつく。彼は、マクロ経済学にミクロ的思考法がこれ以上侵食してくることに断固反対し、マクロ経済学者をもっと幅広い知識と教養を備えた知識人にしたいのだろう。その意図は十分に推し量ることができる。だが、経済学部の専任スタッフに幅広い知識と教養を備えた人たちがいない現状では、スキデルスキーの「複数専攻」を創設するには、他学部の専門家の協力を仰がなければならない。長年、経済学部に在籍した私の経験から言わせてもらえば、他学部の協力を得るのは簡単ではないし、そもそも、現在の経済学部の専任スタッフは、経済学をそれだけで自律した一つの科学と見なしているので、そのような「複数専攻」の価値をほとんど認めないと思う。

モラル・サイエンス

だが、生涯の大半をケインズ研究に捧げてきたスキデルスキーに敬意を表して、もうしばらく「モラル・サイエンス」(これはケインズが好んだ言葉である)の見地からの彼の提言を聞いてみたい。しかも、それは、ケインズの長期的な見通しの甘さを知ることから出発することを意味している。この点で参考になるのは、御子息エドワード・スキデルスキー（エクセター大学講師、道徳・政治哲学専攻）との共著*How Much Is Enough?*（2012）である（日本語版は、『じゅうぶん豊かで、貧しい社会 理念なき資本主義の末路』村井章子訳、ちくま学芸文庫、2022年）。スキデルスキー親子は、「ケインズの誤算」と題された第1章において、次のように言っている。

「ケインズの誤りは、資本主義の下で自由に行われるようになった利益追求はゆたかになれば自ずと終息し、人々は文明的な生活の実りを享受するようになる、と考えたことにある。そう考えたのは、自然な欲望には決まった量があるとみていたためだ。ケインズは、資本主義が欲望創出の新たな原動力となり、習慣や良識による伝統的な抑制が働かなくなることを予測できなかった。となれば、私たちはケインズが生きた伝統的な社会よりはるかに裕福になったにもかかわらず、よい暮らしの実現にとっては、ずっと不利なスタートラインに着くことになる。資本主義は富の創出に関しては途方もない成果を収めたが、その富の賢い活用という点では、私たちは無能なままだ。」（『じゅうぶん豊かで、貧しい社会 理念なき資本主義の末路』、前掲、76～77ページ）

では、スキデルスキー親子は、「よい暮らし」の実現のためには何が必要だと考えているのだろうか。この辺は、哲学者マーサ・C・ヌスバウム（1947年〜）や「潜在能力アプローチ」で有名な経済学者アマルティア・セン（1933年〜）などの議論を十分に参考にしていると思われるが、スキデルスキー親子は、「よい暮らし」のための七つの基本的価値を列挙している。その七つとは、次の通りである（『じゅうぶん豊かで、貧しい社会 理念なき資本主義の末路』、前掲、261〜284ページ参照）。

1 健康
2 安定
3 尊敬
4 人格または自己の確立
5 自然との調和
6 友情
7 余暇

それぞれが十分なスペースをとって論じるべき問題だが、本書にはその余裕はないので、関心があればスキデルスキー親子の本を手にとってほしい。私が注目したのは、彼らが自分たちの立場を「非強制的パターナリズム」と表現していることである。「基本的価値を高めるために国家権力を行使してもよいが、それは個人が大切にする価値を損なわない場合に限られる、とする立場である」と(『じゅうぶん豊かで、貧しい社会 理念なき資本主義の末路』、前掲、325ページ)。

私は生前のケインズがここまで伝統的な個人主義や自由主義の立場を譲歩する用意はあったかどうかは自信がない(本文でも述べたように、ケインズは、雇用を安定的にするための政府の介入は受け容れた)。しかし、世界的に経済格差が拡大し、社会の分断がいっそう進み、地球環境問題が深刻になりつつある21世紀の現在、スキデルスキー親子の提案も真剣に検討すべきときがきているのではないかと思う。それに応じて、ケインズやケインジアンの捉え方も、否応なく変化していくだろう。「不況になれば財政出動を主張するのがケインジアンの証」という時代は終わるべきときにきているということである。

あとがき

2022年2月、ロシア軍のウクライナ侵攻により、国際情勢や国際経済の状況は様変わりしてしまった。EUはただちに侵攻への反対を表明したが、ロシアは欧州諸国への天然ガスの供給を削減または停止し、資源価格が高騰する要因となった。また、ウクライナは世界第5位の小麦輸出国だったが、当然、侵攻の影響を受け輸出量が減少するので、世界の小麦市場に大きな影響を与えるだろう。

このような情勢変化は、各国におけるインフレの発生または加速を予想させるに十分なものだが、最も先に動いたのはアメリカのFRB（連邦準備制度理事会）だった。2022年6月のCPI（消費者物価指数）が前年同月比の伸び率で9.1%になったのを受けて、0・75%という大幅な政策金利引き上げに踏み切った。

日米の金利差は円安をもたらしたが、それにコロナ禍の供給網の混乱、資源価格の高騰などの要因が加われば、日本でもインフレが徐々に進行する可能性はある。実際、今年の5月20日の総務省の発表の分（4月分）から、CPIは2％を超えるようになった。これまで異次元の金融緩和を何度試みても達成できなかった2％のインフレ目標をいとも簡単に達成したかのようである。

だが、これは、本書で強調したような、「需要とイノベーションの好循環」を実現し、景気が回復したがゆえに生じたインフレではない。それどころか、アメリカの著名な経済学者、ポール・クルーグマンは、最近のインタビューのなかで、「日本は根本的なデフレ脱却に至っていない」と明言し、むしろ「賃金を上げる」政策を採るべきだと主張している（『週刊現代』2022年8月6日号）。

『一般理論』は、1930年代の世界的大不況を背景に書かれたので、インフレ抑制を第一優先してモデルが組まれているわけではない。もちろん、ケインズも、雇用量が増加するにつれて、物価が上がっていく可能性があることは認識しているし、のちのケインジアンが採用するように、物価安定のためには貨幣賃金の上昇率を生産性の上昇率内におさめるような政策（ふつう「所得政策」と呼んでいる）を示唆している部分もある（『一般理論』第21章「物価の理論」末尾）。

だが、それも景気が回復してからの話であり、「需要とイノベーションの好循環」の軌道にも乗っておらず、いまだに賃金引き上げが十分ではないと言われるような経済状況には適合しない政策だと思われる。

ケインズの思想は多面的で、一つのモデルにおさめることなど不可能である。本書は、ケインズの理論と政策を、「需要とイノベーションの好循環」という視点から再構成することに専念したので、インフレ問題を正面から扱うことはできなかった。インフレを主軸にするのなら、他に別の一冊を書くべきだろう。

本書の狙いは、いまだにバブル崩壊後の経済低迷から抜けきれていない日本経済の再生のためのヒントとなる理論的・政策的指針を引き出すことにあった。読者がその趣旨を理解して読んでいただければ幸いである。

引用部分には現在の人権意識からすると不適切な表現が見られますが、
作品の歴史的価値を尊重しオリジナルのままで掲載します。

根井雅弘《ねいまさひろ》

経済学者。京都大学大学院経済学研究科教授。一九六二年、宮崎県生まれ。早稲田大学政治経済学部経済学科卒業。京都大学大学院経済学研究科博士課程修了（経済学博士）。専門は現代経済思想史。『ケインズを読み直す』（白水社）、『20世紀をつくった経済学』（ちくまプリマー新書）、『ものがたりで学ぶ経済学入門』（中央経済社）、『今こそ読みたいガルブレイス』（インターナショナル新書）、『精選 経済英文100 1日1文でエッセンスをつかむ』（白水社）など著書多数。

今《いま》こそ読《よ》みたいケインズ　インターナショナル新書一一四

二〇二二年一二月一二日　第一刷発行

著者　根井《ねい》雅弘《まさひろ》
発行者　岩瀬 朗
発行所　株式会社 集英社インターナショナル
〒一〇一-〇〇六四 東京都千代田区神田猿楽町一-五-一八
電話 〇三-五二一一-二六三〇
発売所　株式会社 集英社
〒一〇一-八〇五〇 東京都千代田区一ツ橋二-五-一〇
電話 〇三-三二三〇-六〇八〇（読者係）
〇三-三二三〇-六三九三（販売部）書店専用
装幀　アルビレオ
印刷所　大日本印刷株式会社
製本所　大日本印刷株式会社

ISBN978-4-7976-8114-7　C0233

インターナショナル新書

053
欲望の経済を終わらせる
井手英策
新自由主義はなぜ必要とされ、影響力を持ったのか。格差・貧困が広がった反省を踏まえ、共同体の「秩序」と深く結びついていた経済本来の姿に返る財政改革を提言。貯金ゼロでも、何か起きても安心の社会へ！

075
ゴミ清掃芸人の働き方解釈
滝沢秀一
田中茂朗
今、必要なのは改革よりも解釈だ！ お笑い芸人とゴミ清掃人というダブルワークを実践する著者がたどり着いたのは数々の「働き方解釈」だった。それは働くことについて悩み考える、すべての人へのヒントとなる。

080
DX時代に考えるシン・インターネット
村井 純
竹中直純
新創設、デジタル庁がやるべきことは？ 「日本のインターネットの父」と「天才プログラマー」が、この国のデジタルの過去と未来、その「かたち」について語り尽くす。インターネットの未来はどっちだ!?

086
公共貨幣入門
山口 薫
山口陽恵
主流派経済学やMMTの誤りを指摘し、現在の「債務貨幣」にかわる新たな貨幣システム「公共貨幣」を提唱。「公共貨幣」を取り戻せば「ゼロ成長」から脱却でき、新しい未来が開けることを論証する。

インターナショナル新書

103
スキを突く経営
面白家電のサンコーはなぜウケるのか
山光博康

秋葉原発のアイデアグッズメーカーが家電業界に参入、ユニークな商品を次々にヒットさせ破竹の快進撃を遂げている。その創業者が斬新な商品開発の裏側を大公開。混迷の時代を生き抜く独自の経営理念とは!?

105
「プランB」の教科書
尾崎弘之

激変する現代において、企業や国家の浮沈を決める鍵となるのは有効な「次の一手」を出せるかどうかだ！　日本企業が陥りがちな「集団思考」を抜け出して有効なプランBを発動させるためのヒントを満載した一冊。

106
鉄道ビジネスから世界を読む
小林邦宏

アフリカを走る「メイド・イン・チャイナ」の鉄道。その光景にはポスト・コロナ時代の世界ビジネスを読み解くヒントがある。日本は乗るべきか、降りるべきか？　「次の駅」はどこだ!?　全ビジネスマン必読!!

109
プーチン戦争の論理
下斗米伸夫

「特別軍事作戦」という名の「プーチンの戦争」が、世界を震撼させている。なぜロシアは、ウクライナへ侵攻したのか？　ロシア研究の第一人者が、新たな「文明の衝突」を解説。入門書にして決定版の一冊。

インターナショナル新書

066
今こそ読みたいガルブレイス
根井雅弘

アメリカの経済学者、ガルブレイスは1970年代に『不確実性の時代』で恐慌、冷戦、大企業の支配、貧困、環境破壊など現代に通じる難問を取り上げた。その思想を丹念に読み解き、未来へのヒントを見つける。

112
洋装の日本史
刑部芳則

日本人はいつから和服を捨て、洋服を着るようになったのか？　NHK大河ドラマ「西郷どん」で軍装・洋装考証をつとめた著者が、膨大な史料をから、日本人の服装の変遷を、発展段階論を用いてわかりやすく解説。

113
日本有事
清水克彦

もし尖閣諸島が中国から攻撃を受けた場合、日本はどう動くのか。守ることはできるのか。長年、アメリカや中国、台湾や沖縄を取材し続けてきたジャーナリストが危機の真相を分析する。

115
商社マン、エルサルバドル大使になる
樋口和喜

第二の人生は中米の小国駐在の日本大使!?　頭の固い大使館スタッフや37歳の新大統領相手に奮闘し、ODAや開発協力、広報外交、公邸会食と東奔西走。「大使の仕事と日常」がよくわかる、楽しい「お仕事本」！